歴史好きのための古文書入門

柏書房

はじめに

　この本は、古文書を学ぼうかどうしようか、迷っている人のための古文書入門書です。ですから、くずし字の学習や古文書学に特化した本格的な古文書入門書ではありません。言わば古文書入門一歩手前の書、あるいは古文書を勉強するための準備体操の書とも言えるかもしれません。歴史に興味を持った人が、古文書の扉を少しだけ開けてみて、中を覗いて見る、という様子をご想像頂ければよろしいでしょう。それゆえ、従来に存在したような入門書ではありません。

　古文書入門のための説明と同時に、歴史学あるいは古文書に関する私の考えもまとめました。それこそが、そもそもなぜ古文書を読まなければならないのか、そのヒントを述べることにも繋がる、と思われたからです。それには、私が内容に責任を持たなければなりませんから、具体的な事例は、なるべく自分の研究業績や知見から選ぶことにしました。

　もともと、柏書房編集部から頂いた注文は「歴史好きの若者のために、古文書をあまり引用せずに、古文書の入門書を書いて欲しい」というものでした。「古文書をあまり引用せずに」とは、「木のないところで木に登れ」という禅問答にも等しいことで、少なからず戸惑いを覚えました。しばらくは筆が進みませんでしたが、ある時、それは逆に本質的な議論にもなり得るかもしれない、と思い直して、それで少しずつ原稿を書き溜めていきました。

この本の想定読者は、10代・20代の歴史好きの若者です。柏書房編集部では、ある年齢層をイメージしており、特に「大学生を」ということでした。確かに、私の大学非常勤講師歴は10年以上にも及び、今まで数多くの若者に接触してきましたが、若者を対象にする古文書入門とはどのようなものなのか、これが私を悩ませました。しかし、それについても、若者は得てして世の中の根本的なことに関して疑問を抱きがちだから、そのためのことを書けばよかろう、と思い直しました。

若者の身の回りのことで言えば、歴史にアクセスする方法が多方面にあり、今までドラマ、漫画、小説、ゲームなど、サブカルチャーの中で歴史が再生産されてきました。それらと歴史学との関わりを、どのように考えたらよいのか。それは面白いテーマでしょう。また、現代の世の中は、政治や社会の大きな変動によって、従来の経験則が効かない状況が多々存在します。若者たちは懐疑の塊の中で生きているかもしれません。現代の世の中を理解するきっかけとして、歴史学や古文書に興味を持つ。そのような若者もいるかもしれないのです。

壮年・老年層は世の中に慣れきってしまい、いくぶんよい意味で「老獪《ろうかい》」であり、処世術に長《た》けています。しかし、純粋で不器用な若者は、そうはいきません。奇妙ではあるけれども貴重な〝荷物〟を背負っています。ですから、「若者の精神」を持った壮年・老年層の方々にも、手に取って頂ければと思います。

若者の疑問を際立たせるために、あえて、先生一人と学生一人の架空の人物を設定して、二人に会話をさせる、という書き方を選択しました。

先生のほうは「モンジョ先生」と言い、年齢40くらいの大学非常勤講師、世間離れをした奇妙な人物です。私によく似た人物で（私と同一人物ではありません）、思いついたことをよく喋り、テーマに合う話なら時代も分野もお構いなし、という縦横無尽で迷惑な話し方をしています。

一方、生徒のほうは「フミオ君」と言い、知的好奇心が旺盛で、礼儀正しい若者です。先生に負けず劣らず奇妙な若者で、史学科に在籍している大学2年生、純粋かつ不器用で、何でもお構いなしに質問してきます。最初は、古文書について知りたいなどと言っていたのに、古文書とは関係がなさそうなことについても質問するようになります。かつて、私の大学での担当講義（立正大学文学部史学科「日本史料講読Ⅱ」）に出席して頂いた学生さん数人が、彼のモデルになっているかもしれません。

そのような二人が、私の頭の中でグルグルと動き出しました。このような奇妙な二人ですから、普通の会話になるはずがありません。

フミオ君は、モンジョ先生からいろいろなことを聞き取ろうと思って、図々《ずうずう》しくも、先生の自宅の2階にある書斎に長い時間居座ってやろう、としています。モンジョ先生も、なぜか彼に「帰れ」とは言いません。話し相手が欲しいのか、それとも4人の幼い子供の世話をみたくないのか、何れにせよ、書斎に籠城してフミオ君と長話をするつもりです。そのうち、奥さんから怒られてしまうのではないか？　と思うのですが、全く意に介する様子もありません。

フミオ君が「こうなんじゃないか？」と質問すれば、モンジョ先生も自分なりの考えを示します。しかし、あくまでモンジョ先生流の考え方であって、完璧な回答というわけではありません。

二人は架空の設定ではありますが、私の頭の中では確かに存在する人間たちです。ほとんどを彼らの喋りに任せることにしました。

さあ、どうなるのでしょうか？　このような本は類を見ないため、これで成功しているのかどうかはわかりません。読者諸氏のご高見を待つよりほかにありません。

二〇一五年四月

高尾善希

◆歴史好きのための古文書入門◆目次

序

僕らの古文書講座が始まる

どうぞ
汚い・・・

天高く馬肥ゆる秋。晴れ上がった、日曜日の昼下がり。東京都多摩地域のある住宅地。私立大学非常勤講師、江戸時代史専攻のモンジョ先生が、自宅2階の書斎で部屋の掃除をしている。一方、一人の大学生がモンジョ先生の家の前にやって来る。その大学生は立ち止まり、ポケットから名刺を取り出す。表札と見比べている。

フミオ君　すみません（フミオ君は玄関で声を上げる）。

モンジョ先生　ちょっと待ってください（モンジョ先生は書斎の窓から、フミオ君を見下ろす）。

モンジョ先生　はい、何でしょう？（モンジョ先生は1階まで降り、玄関の扉を開ける）。

フミオ君　こんにちは。モンジョ先生。

モンジョ先生　ええっと、どなたでしたっけ？（モンジョ先生は、不審気にフミオ君を見つめる）。

フミオ君　先日、先生の市民講座に出席した者です。フミオと申します。

モンジョ先生　ああ、思い出しました。あなたでしたか。どうされました？

フミオ君　先生が僕に「遊びにいらっしゃい」と仰ったので、こうしてお邪魔しました。先生にお尋ねしたいこともありまして。

モンジョ先生　はあ。そうでしたか……。

先日、モンジョ先生は、ある市民講座に出講した。そこで受講生である大学生フミオ君に出会った。彼は、モンジョ先生が勤めている大学の学生ではない。モンジョ先生は、その時、ちょっとした社交辞令のつもりで、「遊びにいらっしゃい」と言って、フミオ君に名刺を手渡したのだった。

モンジョ先生は自分の家にやって来たフミオ君を見て、内心「事前に連絡もせずに訪問するとは、何と失礼、無鉄砲、奇妙な大学生であることよ」と戸惑ってしまう。しかし、モンジョ先生も多少浮世離れした酔狂な性格であるから、すぐに「まあいい、ちょっと遊んでやるか」という気分になった。

モンジョ先生には4人の子供がいる。「フミオ君と長話でもすれば、彼らを女房に預けたままで、彼らの面倒を見なくてよいかもしれない」という不埒な考えも浮かぶ。

モンジョ先生　まあ、ちょうどいい。今日は休日で、出講の用事もありません。それに、せっかくご足労頂いたのだ。家の中は散らかっていますが、どうぞお入りください（モンジョ先生は玄関の中にフミオ君を招き入れる）。

フミオ君　ありがとうございます。

モンジョ先生　2階が私の書斎です。そこでゆっくりしてください。本がたくさん落ちていますが、ちょっと、どけてくだされば結構ですよ。ええっと、お名前は？　フミオ君でしたね。フミオ君のような若者が、平日昼間の市民講座に参加されるのは珍しいのです。それで少し印象に残っていました。

フミオ君　今日は、先生に相談に乗って頂きたくてお邪魔しました。僕は大学の史学科に通っています。大学の講義を聴いていると、先生方のお話は面白く感じます。しかし、それとは別に疑問も沸いてしまいます。その疑問を解決できないまま、講義はどんどん先へ進みます。だから、僕が質問をしようにも、その質問が面倒な内容であることもあって、質問をするにも憚《はばか》りがあります。そのせいなのか、実は最近、夜になっても眠れません。布団をかぶって横になると、いろいろな考えというのか、妄想というのか、それらが頭に去来して、少しも眠たくなりません。

モンジョ先生　最近は、文部科学省が大学に対して「シラバス通りに講義をせよ」などと指示を出してますからね。フミオ君は、歴史学の何を勉強するつもりですか？

フミオ君　江戸時代史を専攻しようと思っています。ちょうど、モンジョ先生と同じ専門です。やがては、講座でのモンジョ先生のように、スラスラと江戸時代の古文書が読めればいいなあ、と思っています。せっかく歴史学を勉強しようとしているのですから、歴史学の根本的な部分や、古文書の読み方などをしっかり勉強すれば、僕の不眠もすっかり治るんじゃないか、と思っています。

モンジョ先生　フミオ君の不眠と大学の学業と、何か関係があるのでしょうか？　その「いろいろな考え」やら「妄想」やらは、歴史学に関するものですか？

フミオ君　ええ。そうです。

モンジョ先生　失礼ながら、変わった人ですね。それでは、こちらから提案があります。フミオ君は今日一日、予定は空いていますか？　ちょっとフミオ君の疑問に沿いながら、私が古文書の講義でもして差し上げましょうか？

と言うのも、実は、ちょうど出版社さんから「若者向けの古文書入門書を書きなさい」という依頼が来ているのです。早く仕事に取りかかればよいのですが、あいにくアイデアが浮かびません。締め切りが近くなって焦っています。フミオ君と会話をすれば、その原稿のヒントが頂けるかもしれません。

フミオ君　一日、僕の質問に答えながら講義をしてくれるのですか？　ありがとうございます。

第1章

僕らが過去を知る手段

タジタジ

① 僕らが向き合う過去の痕跡

❖「僕は何すればいいんでしょうか？」

モンジョ先生　フミオ君は今、大学何年生ですか？

フミオ君　大学2年生です。1年間、大学の講義を受けてみて、面白いやら戸惑うやら……。僕は漢文が苦手だから、文章の作りが比較的簡単そうな江戸時代でも専攻しようかなあ、と思っています。

それで、モンジョ先生の江戸時代に関する市民講座にも、面白そうだから、ちょっと興味があって出席させて頂きました。やがては、先生みたいに江戸時代の古文書が読めたならなあ、と思っています。きっかけは、駅前でたまたまモンジョ先生の講座のポスターを見たんです。

モンジョ先生　私も大学の非常勤講師をしているから、ちょっと興味があるので聞いてみたい。フミオ君が「面白い」と感じたことは別として、フミオ君の「戸惑い」とは、どのようなところですか？

フミオ君　何を覚えればどうなるのか、さっぱりわかりません。例えば、中学校や高等学校では、コレを覚えれば試験で30点分は取ることができるとか、知識と結果の関係がよくわかります。しかし、大学で勉強することは、どうやら一概にそういうことでもない。……何と言えばよいのかな、広い海を泳いでいるような気持ちでもあり、雲を掴むような気持ちでもあります。

モンジョ先生　何となくわかります。

フミオ君　僕は大学4年生で卒業論文を書かなきゃいけませんよね。その卒業論文と自分の勉強していることって、どのような関係があるのだろう……。ちょっと不安です。

モンジョ先生　フミオ君にはフミオ君の卒業論文があり、他人には他人の卒業論文があります。だから、大学の講義の全てが史学科の学生全てに等しく必要となる知識というわけではありません。つまり、これから私がフミオ君に話そうとしていることだって、フミオ君にどれだけ必要なことなのか、話してみないとわかりません。私の力量の問題ということではなくて、私とフミオ君の相性というか、方向性の問題ですよね。

フミオ君は「古文書《こもんじょ》を読んでみたい」と言っていましたが、「史料講読」（大学で史料［古文書］の読み方を教えるコマ。大学によって名称は様々）という講義が複数あるでしょう？あれ、不思議だと思いませんか？

フミオ君 そうですね。言われてみれば……。僕の大学では、日本史関係の「史料講読」として「日本史料講読Ⅰ」と「日本史料講読Ⅱ」の2コマがあります。

モンジョ先生 単位数で言えば、「通年」（1年間で講義するコマ。半年で終わるコマもある）のコマだとしたら4単位ですが、「日本史料講読Ⅰ」と「日本史料講読Ⅱ」はそれぞれ通年ですか？ この2コマを履修すれば、合計8単位ですね。

フミオ君 ええ。そうです。

モンジョ先生 その点、中学校や高等学校ではどうだろうか？ 例えば、高等学校で「地理歴史科」が2コマあったとする。山本先生担当の「地理歴史科」と中村先生担当の「地理歴史科」。でも、2コマとも履修することはないでしょう？ 「地理歴史科」は、山本先生のものか中村先生のものか、どちらか1コマだけを履修すればよい。2コマ履修しても、

1コマ分しか単位としてカウントされません。当たり前ですね？

フミオ君　そう言われてみれば、そうですね。

モンジョ先生　大学では、なぜ同じ名前のコマが2コマもあるのでしょうか？　そして、なぜ2コマとも履修したら、それぞれ単位として認定されるのでしょうか？

フミオ君　うーん？

モンジョ先生　これは、大学でやる学問とは何か、という問題にも繋がっていることです。大学の講義では〝正解〟を放棄するのです。

フミオ君　大学の講義では〝正解〟を放棄する？

モンジョ先生　ええ。大学の講義では、例えば、私の講義する「日本史料講読」と、ほかの先生が講義する「日本史料講読」は、コマの名前は同じでもそれぞれ内容が異なる、という理解が大前提です。一方で、中学校や高等学校の授業では、文部科学省が認めた同じ内容の教科書を使います。また、その教科書を使うことも義務づけられている。これは日本全国共通です。だから授業内容も、基本的には日本全国共通となるはずです。

しかし、大学の講義では教科書がありません（ただし、大学でも教員が指定する参考書としての教科書はあります。しかし、講義の内容を決定するのは教科書ではなく、あくまで教員です）。

フミオ君　高等学校では、山本先生の「地理歴史科」も中村先生の「地理歴史科」も同じ内容だ、という建前ですね？

モンジョ先生　そうなのですよ。大学の講義では、どの先生の「日本史料講読」が〝正解〟か、それはわかりません。「わからない」と言うよりも、〝正解〟は存在しないのです。それから、卒業論文では何を書くのか？　という問題もあります。それは、学生自身の主体性に任せられます。学生が書きたいものを書けばよい。だから、フミオ君の〝正解〟と、A君の〝正解〟と、B君の〝正解〟と、C君の〝正解〟は違います。だから、彼らにとって必要な「日本史料講読」は、一人ひとり異なっていて当たり前、という理解です。彼ら自身さえも、将来自分がどのような卒業論文を書くのか、わかっていません。だから、その点でも〝正解〟はあり得ないのです。

フミオ君　なるほど！　大学とは何かが見えてきました。

モンジョ先生　それから、大学には中学校や高等学校にはあった「クラス」がないでしょう？（ただし、学部［教育学部や医学部］によってはクラスが設けられている）

フミオ君　そうですね。

モンジョ先生　大学では、卒業論文のみならず、あらゆることが学生の主体性に任せられます。カリキュラムもその一つ。一人ひとり、自由にコマを選ぶことができます。だから、一人ひとり講義の時間割が異なるのです。

フミオ君　「僕は何すればいいんでしょうか?」　そもそも、そんなことを言っていてはダメということか！　自分で考えないといけない。他人にアタマを預けてはいけない。大学生になったらもうオトナなんだよなあ。

❖ 何をどのように勉強するか

フミオ君　だから僕は、こうやってモンジョ先生のところへ来ました。

モンジョ先生　来ましたね。フミオ君の大学の教員じゃないから、単位はあげませんけどね。

フミオ君　〝モンジョ先生流〟の「日本史料講読」が僕に合うかどうか、それは先生から話を聞いてみないとわからないですね。

モンジョ先生　それは、そうですよ。

フミオ君　でも、いろいろな「日本史料講読」を履修してみる意味はある、というわけですね？　大学では、もう知識を問いかける試験はない。自分の考え方と他人（先生）の考え方を参照し続けるしかない、ということですね。

モンジョ先生　大いに「参照」してください。だけど、私の話は長いですよ。

フミオ君　わかりました！

モンジョ先生　フミオ君は、これから古文書を勉強しようとしています。それにはまず、古文書とは何か、古文書を勉強するとどのようなことがわかるのか、古文書ではどのような文字が使われているのかなど、古文書に入門する以前の、言わば古文書入門一歩手前のことを勉強しなければなりません。最初に、そのことを話しましょうか？

フミオ君　よろしくお願いします。でも、早く古文書が読みたいな。

モンジョ先生　気持ちはわかります。しかし、それはちょっと抑えて、しばらく面倒な話にお付き合いください。

フミオ君　世間での学びとは、試験の勉強とは違うのですね。目的じゃないというか、ウロウロしながら考えるわけですね。

モンジョ先生　そうそう。強い目的意識は持たなくてもいい、と思います。もっと、のんびりやりましょう。
　例えば、「古文書を読みたい」として、そもそも古文書とは何なのでしょうか？「古文書を読みたい」と考えている当の本人が、古文書とは何のことなのかがよくわかっていないというのは、珍妙な話のようにも思えます。しかし、実際のところ、私が講義する古文書講座にいらっしゃる生徒さんも、古文書に対して様々なイメージをお持ちです。徳川幕府の公文書《こうぶんしょ》のくずし字を読むことに関して、違和感を持たない人もいますし、「古文書を読むとは、『源氏物語《げんじものがたり》』などの文学作品を、くずし字で読むことだと思っていた」などと仰って、違和感を持つ人もいるのです。

フミオ君　ちょっと質問があります。今日初めて、モンジョ先生とじっくりお話をさせていただくわけですが、そもそもモンジョ先生が普段なさっているお仕事は、何でしょうか？　古文書講座には、頻繁に出講していらっしゃるのでしょうか？

モンジョ先生　申し遅れました。まずは、それを言っておかなければなりませんでした。私は江戸時代史専攻の歴史研究者です。
　生業としては、大学の非常勤講師で、そのほかに博物館などの公共施設や、歴史関係の検定に関する講座、古文書解読のサークル、トークショーにも出講しています。また、雑誌や新聞記事の執筆や、映画の時代考証を担当することもあります。つまり、江戸時代に関することであれば何でもやっているわけです。

詳しくはあとで話しますけれども、歴史を研究すると言っても、実は、方法は一つではありません。私は古文書を通じて歴史を研究しようという立場です。だから、講座で言えば、一般的な歴史講座のほかに、古文書学習の内容に特化させた、いわゆる古文書講座をやることもあります。

フミオ君　ちなみに、古文書講座に参加される生徒さんというのは、シニア層が多いのでしょうか？

モンジョ先生　そうです。圧倒的にシニア層ですね。講座を平日の昼間に開催することが多いからでしょう。その時間帯では、若年層は学校へ行っていたり、働きに出ていたりしますから。でも、若年層が歴史や古文書に興味がないのかと言うと、一概にはそうとは言えない、と思っています。今はゲームや漫画もありますからね。大学の史学科でも、昔に比べて女子学生が多くなりました。

フミオ君　一般的な歴史講座と古文書講座は、どこが違うのでしょうか？

モンジョ先生　一般的な歴史講座は、歴史一般のことについて、講師による研究成果や先行研究の整理に基づいて、講義をすればよいのです。しかし古文書講座は、古文書の読解に特化した歴史講座と表現できるかもしれません。

フミオ君　ちょっと違いますね。

モンジョ先生　はい。これからフミオ君に話すことは〝古文書講座一歩手前風〟にしたい、と思います。

❖歴史を研究する手段

モンジョ先生　まずは、古文書とは何か、について話してみたいと思います。

歴史を研究すると言っても、方法は一つではなく複数あります。学問が分派する場合は、独自の方法と独自の手段がなければなりません。歴史学と関係する学問、①文献史学、②考古学、③民俗学、これら大きな三つの区分けを最初に話しておきましょう。

フミオ君　過去の痕跡を分類するわけですね。

モンジョ先生　まずは①文献史学です。文字で記された歴史的情報、文献史料から歴史を勉強する立場があります。文字でありさえすればよいわけで、「借金証文」のような1枚の紙もありますし、器《うつわ》に書かれた文字（それが人名である場合は、誰の所有の器であるのかを記した可能性が高いのです）もありますし、『源氏物語』などの文学作品や『古事記《こじき》』『日《に》本書紀《ほんしょき》』などをはじめとする歴史書など、様々なものが存在します。

フミオ君　しかし、一口《ひとくち》に「文字」と言っても多様です。「借金証文」と『源氏物語』では、文字の内容も成り立ちの背景も、全然違うようですが？

モンジョ先生　そうなのですが、それはややこしいので、あとで説明します。

フミオ君　わかりました。

モンジョ先生　次に②考古学です。石器《せっき》や土器《どき》などの遺物、住居跡などの遺構《いこう》があります。考古学では、モノ（物体）に注目します。これらは考古資料、俗に「モノ資料」などと言われることもあります。石器や土器などの形が時代や地域によって変化することがあります。それによって、時代やその時代の地域性がわかる可能性があります。

文字の存在しない時代（「先史《せんし》時代」と言います）、それは縄文《じょうもん》時代などが該当しますが、その時代の勉強については、文字が存在しないのですから、考古学的な手法でしか、その時代を知る手立てはありません。もちろん、文字が存在する時代にも考古学は有効です。

何でも文字でわかるわけではありませんから。鎌倉時代を対象とすれば中世考古学、江戸時代を対象とすれば近世考古学、明治時代を対象とすれば近代考古学、アジア太平洋戦争を対象とすれば戦史考古学です。何と、昭和の時代の考古学もあるのです。

ちなみに、器に文字が書かれていた場合、その文字に注目する立場であれば文献史学、モノに注目する立場であれば考古学です。

フミオ君　考古学と言うと、穴を掘るというイメージがあります。モノ（物体）ということですから、別に穴を掘らなくてもよいわけですよね？　例えば墓とか、道に建っている石碑や塔とか……。

モンジョ先生　それも考古学です。私も、学生時代に墓石の計測調査に参加したことがあったのですが、蚊に食われて大変でした。

フミオ君　大学に考古学専攻の先輩がいるのですが、先輩を見ていると考古学は体力勝負という感じがします。

モンジョ先生　最後が③民俗学です。民俗学は、必ずしも過去を研究するばかりではありませんが、過去から続く日本人の基層文化を研究します。民俗学では、必ずしも文字になるとは限らない「民間伝承《みんかんでんしょう》」なども扱うところが特別です。民間伝承とは、昔からの言い伝えや生活習慣のことです（「ご飯にお箸を立ててはいけない」などの生活上のタブー・昔話・寺社の行事なども含みます）。これらは、さっき話した文献史料に記されることもありますが、記されないことのほうが多いのです。

ここから先は、文献史料を話題としていきましょう（図）。

フミオ君　文献史料が、いわゆる古文書ですね。

モンジョ先生　そうです。「江戸時代を」ということですので、江戸時代の話を中心にしましょう。

フミオ君　でも、文献史学でも聞き取り調査はするし、モノ資料だって扱いますよね？　考古学者でも、全く古文書を読まないということはないわけでしょう？　石碑に漢文が刻まれていることもあります。その漢文の内容と石の形態を関連づけさせよう、という考え方は自然ですが……。

モンジョ先生　その通りです。今まで話してきたことは、あくまでわかりやすくするための、大雑把な区分けに過ぎません。

文献史料（広義の「古文書」）

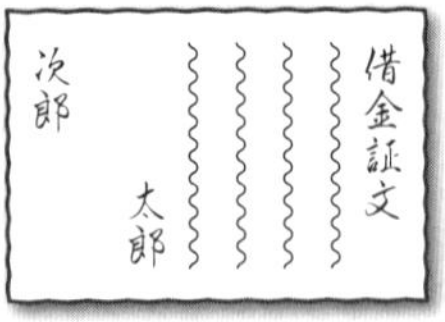

太郎→次郎
古文書（狭義の「古文書」）

太郎のメモ
（時系列順に書くと
日記）
古記録

文学作品、歴史書、随筆
掛軸、揮毫など

考古資料

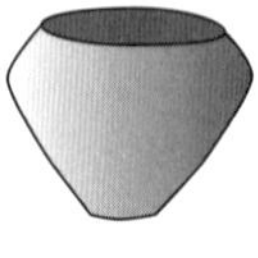

土器

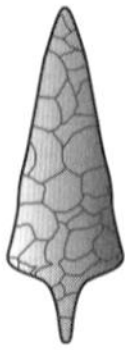

石器

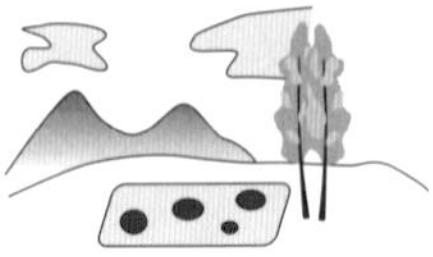

住居跡

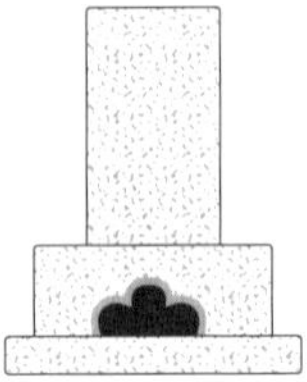

墓・灯籠

民間伝承

お祭り

言い伝え

昔ながらの生活スタイル

❖ 多様な手段を使う

フミオ君　「独自の方法」「独自の手段」と言っても、分野の異なる研究者が意見をすり合わせることも必要ですよね。卑弥呼《ひみこ》の邪馬台国《やまたいこく》は、どこにあったのか？　纒向《まきむく》遺跡（奈良県桜井市）なんじゃないか？　とか、吉野ヶ里《よしのがり》遺跡（佐賀県吉野ヶ里町）なんじゃないか？とか、よく新聞やテレビで言っていますね。これも文献史料（『三国志《さんごくし》』中の「魏志倭人伝《ぎしわじんでん》」）の内容と遺跡との比較検討ですね。

モンジョ先生　文献史料が少ないと、勢い、考古学に頼らざるを得なくなります。先ほど話したように、文字がないならば考古学に頼るしかありません。

フミオ君　先生の専攻している江戸時代の場合は、文献史料の数も多いし、考古資料も多くなりますね。

モンジョ先生　東京都豊島区巣鴨《すがも》に「巣鴨遺跡」という遺跡があって、そこには町方地と武家地があります。ＮＰＯ法人すがも遺跡調査会では、幕末（文久元年［１８６１］）の時の巣鴨町の地図（町方地エリアの地図）を使って遺跡・遺物の特定をしています（高尾善希『『巣鴨町軒別絵図』と近世巣鴨町の諸相』豊島区遺跡調査会調査報告『巣鴨町Ⅵ』）。

フミオ君　絵図などがなければ、どこを掘っているのか、何を掘っているのかがわかりませんね。

モンジョ先生　江戸の場合では、武家地ならば「切絵図《きりえず》」という住宅地図があるのですが、町方は住宅地図の数が少ないのです。この巣鴨遺跡の場合は、町方地のいい地図が偶然残っていました。

フミオ君　そこから、どのようなことがわかったのでしょうか？

モンジョ先生　「飯屋平右衛門」宅跡からは料理屋の遺物が出てきたり、「鍛冶屋平左衛門」宅跡からは鞴《ふいご》（金属を溶かすために空気を送る道具）の一部が出てきたりしています。これも文献史料と考古遺物の一致です（写真）。

フミオ君　それは面白そうですね。合致した時は痛快ですね。このように文献史料と考古遺物は、よく合致するものなのでしょうか？

モンジョ先生　いえいえ。そう上手くはいきません。例として挙げたものは、たまたま上手くいったものです。

フミオ君　そうなんですか。

モンジョ先生　古文書の調査でも、聞き取り調査をすることがあります。江戸時代は意外と時代が近いので、まだまだ古文書が残っている可能性がありますから。古文書の文面を指差して「ああ、この人ね。あそこの家のご先祖様よ」などと教えてくれたりします。

フミオ君　そうすると古文書読みも、相手から話を引き出すために話し上手でなければ

飯屋平右衛門家と思われる場所から出土した皿

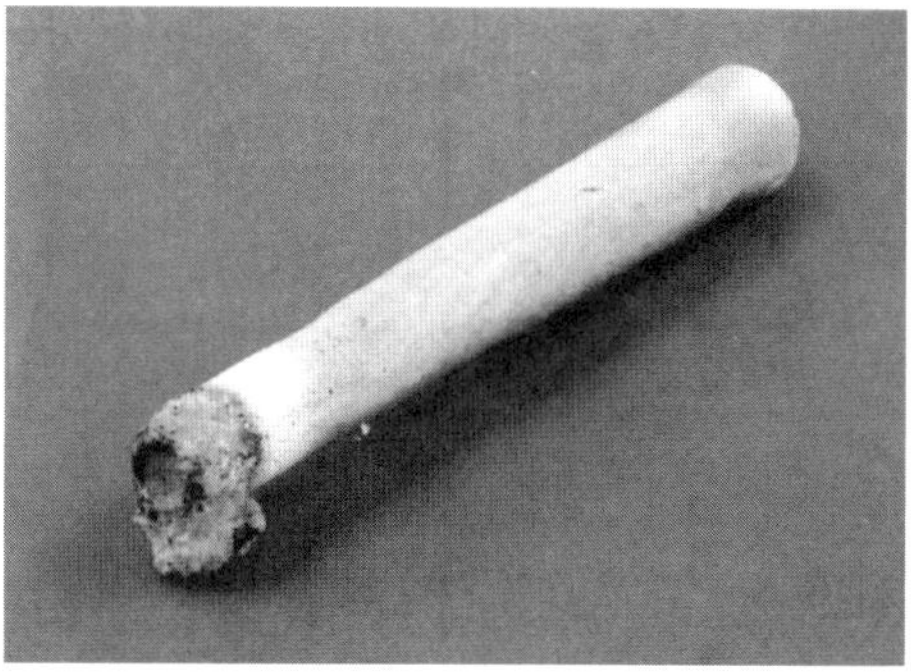

鍛冶屋平左衛門家と思われる場所から出土した鞴《ふいご》の羽口《はぐち》

『A・LA・SUGAMO〈あらすがも〉――中山道と巣鴨地域』（豊島区郷土資料館）

なりませんね。

モンジョ先生　確かに古文書読みは、下を向いて文献ばかり読んでいればよい、というわけではありません。

フミオ君　公文書の類いだと「権威があって信用がおける」というイメージがありますが、どうなのでしょうか？　また場合によって、証言には記憶違いや虚偽発言などはないのでしょうか？　政治問題が絡むと、何かありそうですね。例えば、いわゆる従軍慰安婦に関する誤報問題もありました（2014年）。

モンジョ先生　それは、『朝日新聞』が吉田清治《よしだせいじ》という人の捏造《ねつぞう》した証言を新聞に載せてしまった、という事件です。しかし、『朝日新聞』のみがミスをしたというわけでもなく、他社の新聞も載せていたことがあったのです。しかも、初めは歴史学者も鵜呑《うの》みにしていました。例えば、家永三郎《いえながさぶろう》氏の『太平洋戦争』（岩波現代文庫）でも、長々と吉田証言を解説しています。ただし、その後の研究の進展によって、証言が怪しい、ということが明らかになりました。

フミオ君　そういう事情なのですね。

モンジョ先生　聞き取り調査は、民俗学だけではありません。オーラル・ヒストリー（oral

history）と言って、証言を記録すること自体は、速記術が発達した明治時代からなされてきました。「証言だから信憑性《しんぴょうせい》が薄い」と思われるかもしれません。確かに、そういう意見はよく聞きます。しかし、文字も（文字であるからこそ）嘘をつくことがありますから、一概にそうとは言えないのです（この問題については、あとで触れます）。ですから、ある意味、オーラル・ヒストリーも公文書も同列に扱うべきで、どのような史料でも検討が必要であることには変わりがありません。それだけの話だと思います。

それに、今でも、引退した政治家などに対して聞き取り調査をする研究者がいます。これには、現役を退いたあとならではの打ち明け話なども あるでしょう。それらも数ある情報の一つと考えればよい、と思います。

フミオ君　戦争体験もそうですね。それは残しておきたいですね。細かい感情の部分などがわかることは、証言のよいところだと思います。

モンジョ先生　文字を書くことができない人、あるいは、長い文章を書くという習慣がない人もいます。長い文章を書き残せる人の歴史ばかりが残る、というのは不公平でしょう。歴史学では、情報の偏り、ということにも注意を払う必要があるのです。そのような観点からもオーラル・ヒストリーは大切なのです。

② 文字を分類する――「古文書」と「古記録」

❖ 広義の古文書、狭義の「古文書」

フミオ君　それはそうと、古文書の「古」って何ですか？　どのくらい「古い」と古文書になるのでしょうか？

モンジョ先生　明治時代・大正時代・昭和時代のものでも、古文書ということがあります。だから、人が「古い」と感じれば古文書ですね。

フミオ君　だとすると、明確な定義は存在しないのですか？

モンジョ先生　さっき、ここでは文献史料を対象にしますよ、と言いました。一方で、文献史料を扱う講座はだいたい「古文書講座」という看板を掲げています。その関係からは、「古文書＝文献史料」と言えそうです。ひとまずはそう考えてもよさそうですが、細かく見ると、そう単純にはいかないこともあるのです。

フミオ君　中身を分類しないといけませんね。それは僕でも何となくわかります。

モンジョ先生　確かに、「古文書目録」（古文書1点ごとに番号をつけて整理し、目録化したもの）には、借金証文をはじめ、手紙から歴史書・文学作品まで、あらゆる文献史料が収録されています（図）。その意味では「古文書＝文献史料」という関係が成り立ちます。

近世　支配（支配、触書・請書）

文書番号	年月日	表題	出所	宛所	形態
		A　支配			
支配					
178	天保 7. 8	御代官役所規矩録・写			竪帳
2092	天保12閏正	当年出羽国庄内へ所替松平大和守様川越御在城之節御藩中御役付	赤尾村林本家嗣子宿搏		横長
触書・請書					
○3492	寛文元 8.29	五人組法度書事	大久保勘三郎内岩佐兵左衛外1名		続紙
2631	元禄 3. 6	指上ケ申手形之事（生類憐ニ付）	赤尾村名主惣百姓	地頭内大山源内	一紙
5598	元禄 6. 8.16	〔魚猟禁止触書〕	大久保勘三郎	赤尾村名主半三郎	一紙
5792	〔宝永元カ〕	覚（宝永元年国々巡見ニ付触書）			続紙
698	享保 6. 8.12	鉄砲方同心在方相廻候節水夫之儀ニ付書付	朝比奈権左衛門	村々名主組頭	竪帳
2094	享保 8. 3.16	御法度村中江申渡覚（請書）	杢兵衛外129名		横長
535	享保11. 2	三笠博奕御改帳（請書）	赤尾村		竪帳
2185	享保15.11	三笠博奕御法度被仰付奉畏村中男女判形覚	伝重郎外513名		横長
2087	享保17.閏5	御法度申渡候帳（百姓持高分ニ付請書）	赤尾村伝重郎外142名		横長
783	享保19.12	殺生御停止ニ付惣百姓連判帳	赤尾村杢兵衛外136名		横長
2084	享保20.正	此度被仰出候一札村中連判帳（旧冬以来火事繁候ニ付）	赤尾村名主半三郎外149名		横長
2825	〔宝暦9カ〕6.25	村々名主江申渡（訴詔手続ニ付）	〔川越藩〕		一紙
7380	明和 5.10	御條目	白井源蔵外4名	樋口三郎左衛門外1名	横半
○7373	明和 5.10	條目及（寺社）・弁書（寺社）	白井源蔵外4名	樋口三郎左衛門外1名	竪帳
○7371	明和 5.11	條目及・弁書（山方）	山方役所		竪帳
○7372	明和 5	定・五人組帳前書	樋口三郎左衛門外1名		竪帳
3465	明和 6. 3	定（高札写）	弥市左衛門外2名	村々名主	続紙
5599	明和 9. 3	覚（火之元用心外仰渡）	赤尾村五人組頭伝十郎外28名		続紙
554	安永 3. 6.27	御触書（御家中江対不礼無之様）	赤尾村名主市郎次外18名		竪帳
6680	安永 7. 4	大目付江（無宿者取締ニ付請書）	庄内組村々		続紙
5194	安永 8.正	定一札之事（年貢・村入用・鉄炮其外ニ付請書）	赤尾村五人組頭伝重郎外29名	村役人	続紙
8536	卯〔天明3〕10	水野出羽守殿被成御渡候御書付写（浅間山焼ニ付御普請方幷百姓出情ニ付　後欠）			切紙
3060	天明 3.12	〔凶作ニ付村内取締請書〕	赤尾村伝十郎外147名		続紙
5902	天明 3	〔御法度触書請書雛形〕			続紙
541	寛政元 10	被仰渡請書（博奕勝負事取締ニ付）	赤尾村五人組頭伝十郎外31名		竪帳
221	寛政 6. 8	御触書村中連印請書	赤尾村伝十郎外147名		竪帳
10035	寛政 7.11	〔御城内江諸役所引候ニ付御定書写〕	郡代所		切紙

— 29 —

『林家文書目録』（埼玉県立文書館）

『日本歴史「古記録」総覧』（新人物往来社）

『日本歴史「古文書」総覧』（新人物往来社）

しかし、古文書という言葉には、もう一つ意味があるのです。

（モンジョ先生が書棚から2冊の本を取り出す）……さて、ここに2冊の本があります。これらの表紙を見てください（図）。

フミオ君　はい。一つには『日本歴史「古文書」総覧』（新人物往来社）とあり、もう一つには『日本歴史「古記録」総覧』（新人物往来社）とあります。この2冊は文献史料を取り上げた本ですか？

モンジョ先生　そうです。内容もちょっと眺めてください。フミオ君が見て、2冊の違いがわかりますか？

フミオ君　『日本歴史「古文書」総覧』のほうには、織田信長の手紙などが掲載されています。『日本歴史「古記録」総覧』のほうには、『本居宣長日記《もとおりのりながにっき》』や『大岡忠相日記《おおおかただすけにっき》』などが掲載されています。「古記録」は古い日記であることはわかります。じゃあ「古文書」とは何だろう？

モンジョ先生　ここでは、甲（人物／人物たち・組織）から乙（人物／人物たち・組織）へ、という文字伝達の関係が成り立つ文献史料を、特に「古文書」としています。つまり、差出《さし》出《だし》と受取《うけとり》が存在しているのです。

そして、古い備忘録《びぼうろく》の類いを「古記録」としています。備忘録を特に時系列順に並べたものを「日記」と言います。備忘録はだいたい時系列的に「日記」状態になって記録されています。だから、古い日記のことを「古記録」と言うのです。単なる備忘録ですから、甲から乙へという文字伝達の関係は成り立ちませんね。

フミオ君　そうか。「古文書」と「古記録」ですね。この二つの意味の違いがわからないと、ロクに本も買えないってわけですか。これ、僕みたいな初心者には意外と重要な知識じゃないですか。

モンジョ先生　そうですね。さっき話したように、文献史料全体を古文書と言っています。これは広義（広い意味での）の古文書と言えるかもしれません。一方で、狭義（狭い意味での）の「古文書」もあります。狭義の「古文書」の定義は、差出と受取が存在しなければならないことです。男性から女性へ、女性から男性へという、いわゆる「ラブレター」も、それが古いと思われれば「古文書」です。

本を読む場合は、どちらの意味での古文書を取り上げているのか、その内容を確認しなければなりませんね（以下ここでは、文献史料、すなわち広義の古文書のほうを、鍵カッコ無しで古文書と表現します）。

フミオ君　言葉を蔑《ないがし》ろにしてはいけないんですね。

モンジョ先生　さて、問題です。（モンジョ先生が紙を取り出す）これら三つのうち、狭義の「古文書」はどれでしょう？（写真）

フミオ君　うーん。三つの中で、高札《こうさつ》だけが木材です。その意味では、この中で最も「古文書」っぽくないですよね。でも、これが「古文書」じゃないですか？　だって、高札には支配者→被支配者という関係が成り立ちますからね。

モンジョ先生　そうです。アタリです。ちなみに、「古文書」にせよ「古記録」にせよ、材質は問いませんよ。文字が書いてあればよし、とします。材質は問わない、ということ

「古文書」ってどれ？

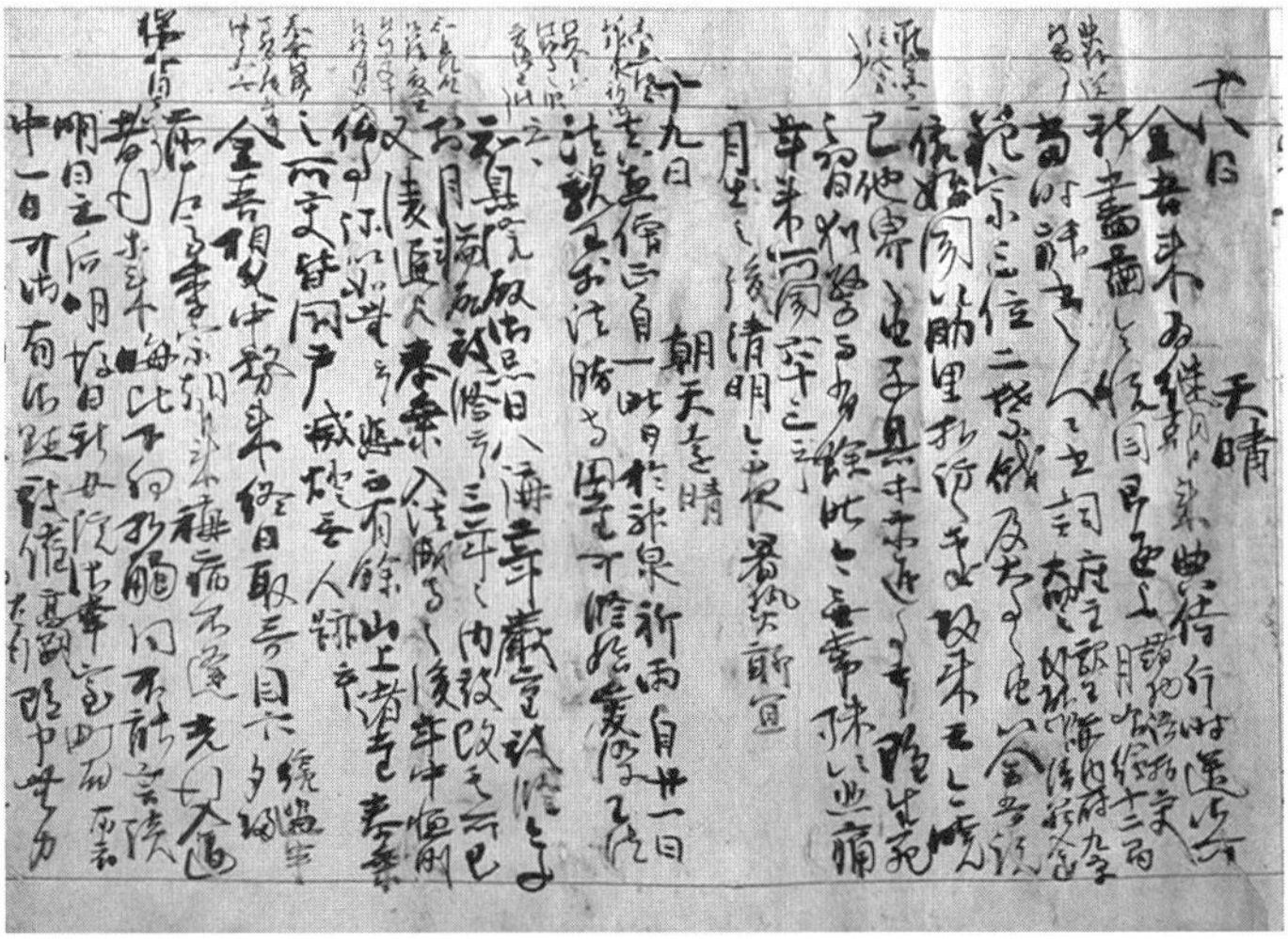

藤原定家『明月記』（部分）

五榜の掲示（上田市立博物館所蔵）

閑院宮載仁親王の揮毫
「楽而不憂」

で言えば、外国の例ですが、古代メソポタミアの証文は、楔形文字《くさびがたもじ》で粘土板《ねんどばん》の上に記されています。

フミオ君　でも、揮毫《きごう》（知名人が乞われて記念に記す書のこと）は微妙ですね。モノによっては、宛先が書いてある場合もありますから……。

モンジョ先生　このような言葉の問題は、つまらない言葉遊びなどではなく、意外に大事なことなのです。フミオ君が言うように、知らないと本も買うことさえもできません。また、「古文書」と「古記録」では史料的な性格が違います。だから、言葉を使い分けているのです。それは重要なことなので、あとで改めて話すことにしましょう。

さて、文献史料には、ほかにも回顧録《かいころく》、『源氏物語』などの文学作品、歴史書、四書五経《ししょごきょう》（古代中国の思想書）などの書籍があります。これらは「古文書」にも「古記録」にも分類できません。

フミオ君　分類できないものは、どのように考えればよいのでしょうか？

モンジョ先生　分類できないからといって重要ではない、とは言えません。江戸時代になると、庶民の家であっても高いレヴェルの学問をすることがあり、その家の古文書の中に含まれていることがあります。それらは、江戸時代の文化を知る上で、とても重要なものなのです。
　しかし、古文書目録を編成する場合には、整理しにくいので、これらを「古典籍《こてんせき》」という項目を作って整理をすることがあります。また、人に与えるために筆を揮《ふる》った揮毫という書や、絵画が掛け軸になっているものもあります。これらは「古文書」にも「古記録」にも「古典籍」にも入れにくいものですが、一応、古文書目録の中に収録することがあります。

フミオ君　なるほど。分類するというのは難しいですね。そもそも、人間の生活を分類しようというほうが、おかしいのかもしれない。

モンジョ先生　そうですね。分類は便宜的にやるものであって、分類をとことん突き詰めること自体にはあまり意味がない、と思います。そもそも「分類する」という行為から思索が始まり、研究が始まります。しかし、それは人間のかりそめの行為に過ぎません。
　ここで、ちょっと変わったものを見せましょう。襖《ふすま》の裏張りや、箱に貼り付けた「反故《ほご》紙《し》」があります。反故紙というのは、不要になって廃棄された紙のことです（「約束を反故にする」という日本語がありますね）。廃棄された古文書でも（廃棄されたものであるがゆえに）読むと新しい発見があります（写真）。当時は、不要と認識されて捨てられた文書ですから、

木箱の内側に反故紙がある。「八戊寅」と読める。「戊寅」は60年に1回のみ。江戸時代において、①「八年」かつ、②「戊寅年」という2条件が揃うのは、宝暦８年（1758）戊寅年のみ。著者所蔵。

偽文書《ぎもんじょ》の可能性が少なく、かえって史料的価値が高い、と考えられています。

フミオ君　歴史研究者はゴミまで「拾う」わけですか。本当に面白いですね。

❖「古文書」と「古記録」

モンジョ先生　さっき「古文書」と「古記録」の分類を説明しました。それにしても、なぜこのような区別をする必要があるのでしょうか。それは、文字の機能の違いに注目する必要性があるためではないか、と私は考えています。

フミオ君　分類する理由がなければ、そもそも分類する必要がありませんからね。

モンジョ先生　例えば、「古文書」の例の一つ、江戸時代の「質地証文《しっちしょうもん》」（土地を質に入れて借金をするための証文）で言えば、村のものであれば、当事者同士の署名《しょめい》と押印《おういん》、かつ証人や村役人（名主《なぬし》や組頭《くみがしら》）の奥印《おくいん》（取引を証明するための判、証判）があります。もし、当事者同士で金銭をめぐる争いが発生した場合には、領主の裁定《さいてい》を仰ぐことになりますが、その折に「質地証文」が証拠として提出されることは、充分に想定されます。すると、文字が公共的性格（パブリックな性格）と公文書的性格（オフィシャルな性格）を帯びます。「古文書」は第三者（甲・乙とは別の、丙の存在）が認識する文字、となる場合もあるわけです。

フミオ君　つまり、何と言えばいいんでしょうか、他人に見せることが前提になる、ということでしょうか？

モンジョ先生　そうですね。文字が社会的な存在になる、と言うのでしょうか。あるいは、他所《よそ》行きの文字になる、と言うのでしょうかね。

フミオ君　それなら、僕がアルバイトの面接の時に書いた履歴書も、他所行きの文字ですね。そのような文字を書く時は、ちょっと緊張します。そこには、必要なことだけを書こう、と強く考えるかもしれません。あるいは、他人に見て欲しい〝自分〟を表現しようとするかもしれません。

モンジョ先生　一方の「古記録」は、個人が書いたものであれば個人的なメモ（備忘録、日記）に過ぎないわけですから、そのような機能は持ち得ません。しかし、私的に書いたものであればこその記述もあり、「古文書」には残せない（公《おおやけ》には書けない）裏事情が密かに記されていることもあります。

文字の位置づけが違う場合は、表現している内容や機能が異なることもあります。ですから、「古文書」と「古記録」の区分は必要だ、と言うことができると思います。

フミオ君　日本人は日記をよく付ける民族だ、とよく言われています。それを示すデータはあるのでしょうか？

モンジョ先生　うーん。どうなのでしょう？　俗にそのように言われていることは、私も知っていますが、確かなことなのかはわかりません。しかし、タテマエとホンネを上手に使い分ける民族ですから、ホンネを書くために喜んで日記を付けている人は、意外と多いのかもしれません。根拠のある話ではありませんが……。

フミオ君　ただし、インターネットでの日本語のブログ数は、英語や中国語のものよりも多い、という調査結果が出ています（アメリカ、テクノラティの2007年調査）。

モンジョ先生　そうですか。それは知りませんでした。文化人類学では、どのように言われているのでしょうね。また、日記とインターネットのブログが同じ性質のものかどうか、よく考えてみる必要もあります。インターネットは見せることが前提になっていますが、紙の日記はそうではありませんから。

フミオ君　ああ、そうか。

モンジョ先生　日記を書く人が何人いるのか、という数量的な問題は別として、外国人が日本人の書く日記に深い印象を持った、という例はあります。アジア太平洋戦争では、アメリカ軍は日本兵の書いた日記を組織的に調べたのです（「鬼畜米英《きちくべいえい》」を唱えていた日本とは異なり、アメリカは敵国のことを徹底的に調べようとしていました）。日本兵の死体から日記を取り出して、翻訳もしていました（日本文学研究者のドナルド・キーン氏は、その翻訳の仕事を担当していました）。アメリカ軍にとっての日本兵とは、上官の命令に唯々《いい》諾々《だくだく》として従い、死をも恐れずに突撃してくる不気味な人間たちでした。しかし、彼らの日記を読むと、彼らの本当の心情が書いてあり、日本兵が自分たちと同じ人間であることがわかったのです。

フミオ君　タテマエとホンネを使い分けた時、ホンネの部分を日記に記した、ということですね。その落差が大きいから、印象が深くなったのですね。

モンジョ先生　日本軍は日記までをも検閲していたようですが、検閲されていない日記もあったようなのです。

❖古文書学について

フミオ君　古文書学という言葉を聞いたことがあります。単に古文書を勉強することと古文書学とは、どのような関係にあるのでしょうか。

モンジョ先生　古文書学は「古文書」の様式論《ようしきろん》を学ぶ学問です。これまで話してきたように、「古文書」は「古記録」と異なり、甲から乙へ、差出と受取が存在するものを指しますから、「文字が公共的性格（パブリックな性格）と公文書的性格（オフィシャルな性格）を帯び」ることがあります。そのため、文字に様式を定める（いわゆる「書式《しょしき》」）必要が生じることは、フミオ君でも容易に想像できることと思います。

フミオ君　例えば、現代の役所や会社組織でも、目的ごとに応じて専用の用紙や書式があったり、押印や自署の必要・不必要の区別が定められていたりしますよね。それと同じような考え方が、昔にも存在していたということですね。

モンジョ先生　このような様式は、いわば文書の顔にあたるものであり、顔がなければ何者であるのかがわかりません。人に見せる必要があるからこそ（甲が乙、あるいは第三者である丙に対して見せる）、様式が必要なのです。

「古文書学」という題名を持った書籍は、この様式論に始終しています。そこでは、文字の大きさ、文字を書く位置、料紙《りょうし》（「古文書」に使われている紙の材質）、署名や印判などに注視しています。佐藤進一《さとうしんいち》氏の『古文書学入門』（法政大学出版局）を繙《ひもと》けば、第三章に

「古文書の様式」とあります。さらに、そこには、第一節に「公式様文書」、第二節に「公家様文書」、第三節に「武家様文書」とあり、「古文書」の発給《はっきゅう》（「文書」を相手に出すことを「発給」と言います）ごとに「古文書」の様式がまとめて紹介されています。つまり古文書学とは、「古文書」の様式論に特化した学問なのです。

フミオ君　文字のカタチ論ですね。紙などもカタチに含める。それを理解すると、偽文書が出てきた場合、見破ることができますね。そのカタチからハズレていればアウトだ、と。

モンジョ先生　フミオ君、なかなか鋭いですね。この古文書学は、偽文書が出てきた場合、確かに、偽文書だと見破る論拠を提出します。「古文書」の発給ごとに様式が厳しく定められている場合、それからハズレた「古文書」があれば（使われるべき文字遣いがない／違う、あるいは、あるべき署名や判が無いなど）、偽文書の疑いが大である、取り扱いは要注意である、という結論を出すことができます。もっとも、古文書学は偽文書を見破るために存在しているわけではありません。しかし、それも古文書学の役割の一つなのです。

体系的に勉強したい場合には、書名に「古文書学」を銘打った入門書を読んで自習されることをお勧めします。佐藤進一氏の『古文書学入門』は、「入門」としながらも少々専門的に書かれていますが、古文書学の入門書としては最も著名な書籍です。

フミオ君　カタチに注目するのは「古文書」だけですか？

モンジョ先生　ほかに「書誌学《しょしがく》」という学問もあります。書誌学は書籍の形態（装丁や紙質など）を扱います。これも「書誌学」を銘打った題名の入門書をご覧頂ければ一目瞭然だと思います。書籍は「古文書」のように、公共的性格（パブリックな性格）と公文書的性格（オフィシャルな性格）があまりありませんから、特に形態にこだわる必要がないようにも見えます。しかし、書籍は長く人間が所蔵するためのものであるため、保存のしやすさ・使いやすさを追求したり、装丁に趣味的な表現が施されていたりします（書籍を愛する人は、その形にもこだわる傾向があるようです）。やはり書籍の形態も、文字を取り巻く重要な文化の一つに違いありません。

　文字表現物の形態を問題とするという側面のみに注目すれば、書誌学も古文書学も似通っていると言えなくもありません。そのため、杉浦克己《すぎうらかつみ》氏の『書誌学・古文書学』（放送大学教育振興会）のように、書誌学と古文書学を一緒に解説する入門書も存在しています。

❖ 文字の世界のズレ

フミオ君　ここで、素朴な疑問なのですが、差出と受取の存在する「古文書」が「古記録」に書き写してあった場合は、それは「古文書」になるのでしょうか？　それとも「古記録」なのでしょうか？

モンジョ先生　う～ん。相当いい質問ですが、難しい問題です。実は、その類いがかなりの数にのぼります。例えば、誰かから届いた手紙を書き写して一冊に綴じているものや、「御用留《ごようどめ》」（「御触留《おふれどめ》」など）という表題の付いた、領主からの命令書などを書き写した簿冊があります。形態は「古記録」であるけれども、書いてある内容は「古文書」で、なおかつ、きっと「古記録」的な記述も付されていることでしょう。複雑ですね。とりあえずは、そう理解するしかありません。

フミオ君　それを具体的に言うならば、「御用留」では、その領主からの命令が、いつ、どのような事情で届いたのか、が書いてある可能性もありますね。それから、命令が届いたあとにどうなったのか、後日談が書いてある可能性もありますね。

モンジョ先生　そうですね。

フミオ君　それから、もう一つ素朴な疑問があります。「古文書」の記述と「古記録」の記述が違う、ということはあるのでしょうか？　どちらかが嘘をついているということですが。

モンジョ先生　文字にある嘘については、あとで話すこととして、ここでは、その両者の記述が違ってしまった場合について、簡単に述べておきたいと思います。結論から言うと、そういうことは珍しくないのです。

フミオ君　やっぱり……。

モンジョ先生　さっき、「古文書」を「他所《よそ》行きの文字」と表現しましたが、そうであるがゆえに、タテマエに合わせるために事実（ホンネ）をねじ曲げて書いてあることがあります。これは仕方のないことです。

フミオ君　例えば、どのようなことがあるのでしょうか？

モンジョ先生　どのような例でも構いませんが……。例えば江戸時代、大名や旗本の当主が後継者無しで死去した場合は、「御家断絶《おいえだんぜつ》」となりました（無嗣断絶《むしだんぜつ》）。しかし、当主が死去した事実を伏せる慣例があったのです。その場合は、「当主がまだ生きている」という体裁にして、親戚が寄り集まって、「急養子願《きゅうようしねがい》」（臨終の間際に養子をとることを急養子と言う。その願書）を偽造するのです。さすがに、当主がその願書に印を押すところは、幕府の目付《めつけ》などが監視しているのですが、そこでも、枕辺にいる者が「当主の手が震えているので添え手をします」と言って、彼が勝手に印を押してしまうのです。もちろん、死体が動いて印を押すわけがありませんから、この行為は致し方ありません（高尾善希『驚きの江戸時代』［柏書房］）。

フミオ君　江戸時代の中期以降になると、幕府も大名や旗本の家を断絶させたくはないわけですね。断絶を頻発させると、主家を失った浪人《ろうにん》が多数発生して社会不安のもとになり、幕府が危険になります。実際、慶安《けいあん》4年（1651）、由比正雪《ゆいしょうせつ》の乱（「慶安事件」とも）が起こりました。その頃から、「御家断絶」を少なくする政策となりました。高等学校の歴史の教科書にも書いてありました。

モンジョ先生　そうですね。日記、つまり「古記録」には「某家当主が死んだ」と書いてあるのですけれども、その家に目付が出向して、当主が印を押すところを監視しに行っているのです（「判元見届《はんもとみとどけ》」）。

フミオ君　枕辺にいる者が印を押しているわけですね。死体が動くわけがないから。

モンジョ先生　実のところ、借金証文も怖いのです。借金証文は、話の骨の部分は極めて単純で、Bさんが A さんからお金を借りました、というだけのものです。研究者も借金証文の貸借の数字を表にして分析するのですが、意味をなさないこともあります。

フミオ君　どういうことでしょうか？

モンジョ先生　日記を読むと、又貸し関係が潜んでいることがわかるのです。Bさんが A さんからお金を借りたとしても、実は本当の借り主は C さんで、彼は経済的信用がないから、B さんに頼んで A さんからお金を借りてもらっているのです。

フミオ君　なるほど。

モンジョ先生　Bさんが A さんからお金を借りました、ということは紛れもない事実ですから、借金証文に嘘は書いていないのです。しかし、お金の背後関係は借金証文だけではわかりません。やはり、「古記録」も検討する必要があります（高尾善希「融通の村落社会史」『関東近世史研究論集一 村落』［岩田書院］）。

フミオ君　そもそも人間の社会は複雑怪奇ですね。殊《こと》にお金が絡む話となるとウラが多そうです。今も昔も……。

モンジョ先生　江戸時代の借金証文には、書き出しの部分に「御年貢ニ差詰《さしつま》り」と書いてあることが一般的です。つまり、「年貢が支払えませんので、お金を借ります」という意味です。しかし、それも本当かどうかはわかりません。

フミオ君　どういうことでしょうか？

モンジョ先生　借金証文の常套文句《じょうとうもんく》ですから、実態はどうあれ、とりあえず、そのように書いておく、という例もあったのではないでしょうか。事実、ある村の名主日記には、「借り主は諸貫物（年貢以外の諸役）を理由に借金をしているのに、贅沢《ぜいたく》しているではないか」と書いてあり、村の名主が嘆いていますからね（高尾前掲論文）。

フミオ君　それも、すごいことですね。

③ 古文書を読むということ

❖ 江戸時代の古文書

モンジョ先生　ここまで、古文書とは何か、ということについて話してきました。次に、江戸時代の研究をしたいというフミオ君のために、「江戸時代の古文書」について説明しましょう。それにはまず、時代別による古文書の残存状況について話しておきます。

フミオ君　ありがとうございます。

モンジョ先生　古代から中世の古文書は、日本全国様々なところに残存しています。それらの主なものについては、活字（書籍）で読むことができます。古代史の正史「六国《りっこく》史《し》」（『日本書紀《にほんしょき》』『続日本紀《しょくにほんぎ》』『続日本後紀《しょくにほんこうき》』『日本文徳天皇実録《にほんもんとくてんのうじつろく》』『日本三代天皇実録《にほんさんだいてんのうじつろく》』）の時期、仁和《にんな》3年（887）以降のものであれば、現在も東京大学史料編纂所において刊行継続中の、明治時代以来編纂が続く『大日本史料《だいにほんしりょう》』（東京大学史料編纂所）に、主なものはほぼ収録し尽くされていると言ってよいでしょう。織田信長の時代までで、400字詰原稿用紙換算で20万枚だそうです（大石慎三郎『大江戸史話』〔中公文庫〕）。

これを多いと見るか少ないと見るか。実は、江戸時代の量と比べれば圧倒的に少ないのです。20万枚であれば、活字に組む（書籍として刊行する）ことができる量ではあります。

フミオ君　そうすると、古代・中世史の研究者は、主なものについては全て活字で読むことができる、ということですね。活字が正しいのかどうか、もとの古文書を確認しなければならない、という問題はあるにしても。

モンジョ先生　そうですね。もちろん、新発見のものもありますが……。そうすると、「少ない」古文書の内容をめぐって、厳しく検討し合うことになります。それが古代・中世史の醍醐味《だいごみ》と言えます。それに、いくら「少ない」と言っても、それは江戸時代の量と比較すれば、ということに過ぎません。見落としている事実も意外と多く、古文書の見方によって、当該時代に関する世界観が一人ひとり異なります。

フミオ君　『大日本史料』は、背表紙だけ見たことがあります。ものすごい冊数ですね。

モンジョ先生　江戸時代以降、圧倒的に古文書の量は増えていきます。例えば、私が長らく研究してきた武蔵《むさし》国入間《いるま》郡赤尾《あかお》村（現在の埼玉県坂戸市赤尾）の林家文書は、江戸時代の古文書の量だけで9000点あります。これは、江戸時代の一つの村だけの量です（現在の大字《おおあざ》一つが、江戸時代の村の規模です）。江戸時代の一つの村の古文書だけで、前に述べた20万枚（古代・中世の古文書の全情報量）を超えてしまう可能性があるのです。

フミオ君　古文書を読みなれた先生なら、1万点くらい読み切れるんじゃないですか？

モンジョ先生　いえいえ。とても無理です。

フミオ君　広い海を泳いでいるような気持ちでしょうか。

モンジョ先生　その広い海は、全体でどの程度なのか。歴史学者の木村礎《もとい》氏は、江戸時代の古文書の総点数を30億点と算出しています。そのほとんどは地方文書《じかたもんじょ》と思われます。地方文書とは村方《むらかた》文書のことで、村方のことを地方《じかた》と言います（町は「町方」、村は「村方」、漁村は「浦方《うらかた》」と言います。地方文書を「じかたもんじょ」と読み、「ちほうもんじょ」と読まない理由は、これです）。地方文書は、村役人（名主《なぬし》［庄屋《しょうや》・肝煎《きもいり》とも］・組頭《くみがしら》・百姓代《ひゃくしょうだい》）の家が管理している古文書が多く、その子孫の家の蔵の中に存在します（「区有文書《くゆうもんじょ》」など、地域で共同管理している古文書もあります）。もちろん、そのほかにも、商家の古文書、寺社の

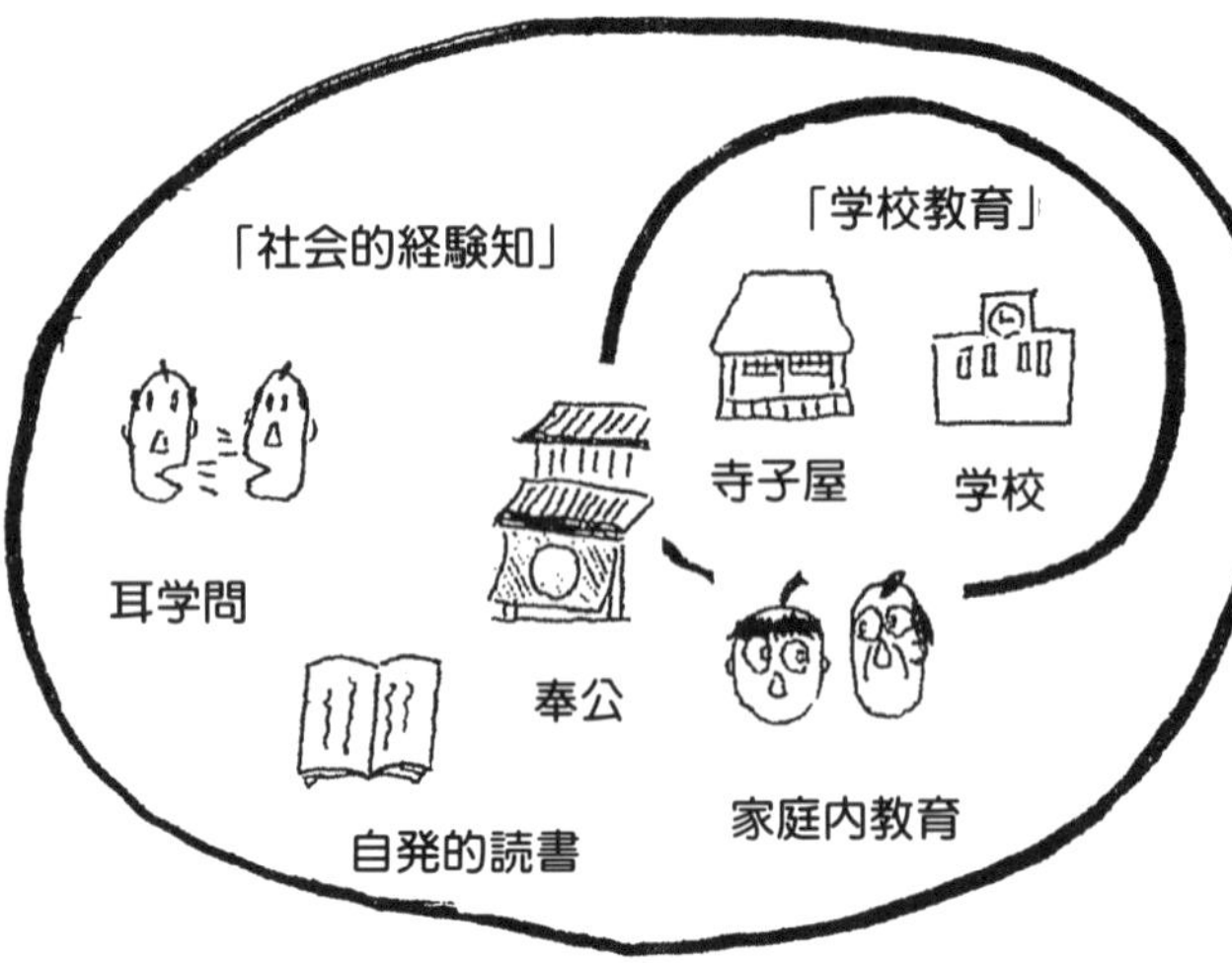

高尾善希「読み書きの江戸時代史」（『歴史地理教育』704）より

古文書、江戸幕府の各役所の古文書、徳川将軍家、大名家、旗本家など、個人の家に伝えられてきた古文書もあります。

ちなみに最近は、国や県などの自治体が持っている明治以降の公文書も、「歴史的公文書」として、古文書として考えようという動きが見られます。京都府や東京都の公文書も、文化財として国の重要文化財に指定されました。

フミオ君　江戸時代に入って、古文書の量が増えた理由は何なのでしょうか？

モンジョ先生　それは識字率《しきじりつ》の向上と関係があると考えられています。江戸時代後期の手習塾（寺子屋《てらこや》）は、村に一つずつあることも珍しくありません。手習塾とは、文字の読み書き・学問を教えた、民間で発達した学校のことです。手習塾の所在は、筆子塚《ふでこづか》（手習塾［寺子屋］のお師匠さん［先生］が亡くなった時、教え子たちが費用を出し合って建てた供養塔のこと）の所在でわかります。つまり、この筆子塚の数で手習塾の最低限の数もわかるのです。もちろん、江戸時代の庶民のすべてが手習塾に通ったわけではなく、家庭内教育や奉公先の場で、文字を覚えることもありました。いずれにせよ、庶民が文字を学ぼうと思えば学べる状況にあったことが、これでおわかりになるのではないかと思います。この識字率の向上こそが、江戸時代における古文書の豊富さの背景にあると考えられています（図）。

❖古文書を保存・整理する

モンジョ先生　考古学に発掘調査があるように、文献史学にも古文書の調査があります。江戸時代以降の古文書を調査する場合などは、調査すべき点数が増えるため、大変な作業量です。そのため、複数の大学から多人数が参加することなどもあります。私もそのような調査に何度も参加したことがあります。

フミオ君　調査に参加すると、みんなで歴史学を支えている、という意識が出てきそうですね。

モンジョ先生　フミオ君は調査に参加したことがありますか？

フミオ君　残念ながら、まだありません。

モンジョ先生　江戸時代以降の古文書は、点数が多いので、みなさんが直接手に触れる機会もあるでしょう。私が古文書の調査合宿に初めて参加したのは、大学1年生の夏休みの時でした。「宝暦《ほうれき》」や「明和《めいわ》」など、見慣れない年号を見ては、いちいち西暦に直して、今から何年前なのかを計算しながら調査をしていました。そうしなければ、実感が沸かなかったからです。計算して実感が沸くと嬉しいものでした。

フミオ君　何年前か計算してみる、という気持ちはわかるなあ。僕でも同じことをするかもしれません。でも、その古文書はどうやって探すのでしょうか？

モンジョ先生　さっき話した地方文書の例の場合で言えば、江戸時代に村役人を務めていた方のお宅を訪問することが一般的です。

フミオ君　イメージが摑めないのですが、例えば「古文書をお持ちですか？」と、旧村のエリア内を訊いて回るということでしょうか？

モンジョ先生　事前にあたりがついていない場合は、そのようにするしか方法はありません。村の歴史に関する文献調査や聞き取り調査を前もって行い、そして、お墓をお参りさせて頂き、苗字を確認させて頂きます。お墓の大きさなどによって、家の歴史が判明します。江戸時代に村役人を務めていた方の家は歴史が古いので、大きなお墓をお持ちです。それから、その苗字を目当てにして家を探します。庭が広いことがポイントです。村役人は年貢《ねんぐ》を集める役目を負っていたので、庭が広くなければなりません。もちろん、蔵《くら》があることも重要です。

フミオ君　泥棒に間違えられませんか？

モンジョ先生　そうですね。怪しい人に間違えられないように、数人のグループで行動します。それから先は、話術の上手・下手が問題になるでしょうか。家に古文書があることがわかり、所蔵者の方のご好意で整理させて頂けるという段になれば、蔵の掃除からさせて頂きます。

フミオ君　えっ。そんなことをするんですか？

モンジョ先生　はい。所蔵者の方のご好意に報いるためのサービスです。それから、蔵や抽斗《ひきだし》に蔵されていた古文書の配列を記録しながら（これを「現状記録」と言います）、封筒に古文書を1点ずつ入れていきます。この場合の封筒は「中性紙《ちゅうせいし》封筒」と言い、保存に適した特別な封筒です。その作業をしながら、古文書1点ずつの内容を記録し（年号・内容・作成者・形態など）、番号を付します。そして、古文書目録を作成します。古文書目録については、前に話しましたね。

フミオ君　古文書は、一般的に、見せて頂けるものなのでしょうか？

モンジョ先生　そんなことはないでしょうね。私はよく、次のように言うことがあります。「古文書は残ったのではなくて、人間が残らせたものだ」と。つまり、人間の強い意志が介在して初めて、古文書は残るものなのです。古文書の存在そのものに、人間の意識が働いている、という考え方です。私個人としては、この考え方が史料学の基本だ、と思っています。

フミオ君　その「強い意志」というのは？

モンジョ先生　イエ意識、先祖への思慕の念、自分の思い出、などがそれに相当します。だから、本来は外部の人に見せるものではないはずです。それでも見せて頂けるというのは、学問・研究の発展という大きな目的にご賛同頂けたからだ、と思います。

フミオ君　古文書に接する時の決まりごとのようなものはありますか？

モンジョ先生　いろいろあります。まず、あらかじめ念入りな手洗いが必要です。そして、古文書に接している空間では、飲食は当然、マジックもボールペンも禁止です。飲み物はこぼす可能性がありますし、マジックやボールペンは先端が和紙に接着すると、和紙がインクを瞬く間に吸い取ってしまうからです。それから、金具の付いたもの（時計・指輪・ファスナーの付いた上着など）は着用禁止です。ほかにもいろいろあって、説明しきれませんので、それらは大学の先生から指導を受けてください。

フミオ君　テレビ番組では、白い手袋をはめて古文書に接する人が映っています。あれは必要でしょうか？

モンジョ先生　白い手袋は必要ありません。念入りな手洗いすれば充分です。あれは、テレビ映りをよくするためのものです。むしろ滑りにくくするために、素手で持ったほうがよいかもしれません。

フミオ君　それは意外でした。

モンジョ先生　ところで、古文書を読むための「文書館《もんじょかん》」（「ぶんしょかん」とも）という施設があります。それはご存じですか？

フミオ君　はい。講義でその話が出ました。

モンジョ先生　あらゆる分野の歴史的史資料を保存している施設で、国や自治体が運営しています。そこでは、館が整理した文書を、簡単な手続きによって閲覧することができます。国立公文書館（東京都千代田区北の丸）や国文学研究資料館（東京都立川市）が有名です。

フミオ君　一般の家庭にも、古文書が残っている可能性はありますね。インターネットのオークションに出品されているのを見たことがあります。

モンジョ先生　一般の家庭にも、先祖の書き残した古い文字が意外とあるのではないでしょうか。家の片付けをしている時に、偶然見つかることも珍しくないようです。ただし、先祖の書き残したものであったとしても、読むことができないので、どのようなものであるかがよくわからず、売却してしまうか、廃棄してしまう例が多く見られます。

昔から、古書店が古文書を販売しています。それは、個人のコレクターだけでなく、博物館や文書館、研究機関も購入します。東京都千代田区神田神保町の古本屋街を歩けば、旧家から流出した古文書を見ることができます。

フミオ君が言ったように、最近はインターネットのオークション・サイトで古文書が売却される例も多く見られるようになりました。テレビ番組によって個人宅にある古文書が

〃お宝〃（貨幣価値があるもの）として強く意識されたことなどが原因でしょう。

フミオ君　古文書がインターネットで流出することには、どのような問題があるのでしょうか？

モンジョ先生　個人が落札する場合は、古文書の保存がしっかり行われるのか、不安な部分があります。また、古文書が売却される場合には、1点1点がバラバラにされて売られることが多いのです。だから、文書群（古文書の固まり）としての情報や価値が失われます。例えば、三行半《みくだりはん》（離縁状）などの文書は、著名な形式の文書ですから、売却すると高値が付きます。しかし、その文書1点だけが文書群から離されて売却されると、何村（何町）何家の古文書であったのかが、わからなくなってしまうのですね。また、その離縁に関連する別の文書があったとしても、離されたことによって、その情報が失われる可能性もあります。

フミオ君　インターネットに流出した古文書を、個人ではなくて、博物館や文書館、研究機関が購入することはないのですか？

モンジョ先生　ありますよ。私には特に懇意にしている博物館があります。ある時、インターネットで、たまたまその博物館に関連がありそうな古文書を見つけました。急いで博物館にそれをお知らせしましたら、結果、出品者の方にはご好意でオークションを停止して頂き、その古文書は無事にその自治体が購入しました。

フミオ君　よかったですね。それなら保存も安心ですし、公共のために利用することもできますね。

モンジョ先生　古文書はほとんどが個人所蔵ですから、流出は仕方のないことです。私も教材用に何点か持っています。

フミオ君　えっ。ちょっと見せて頂けますか。

モンジョ先生　いいですよ。

❖原史料に接する意義

モンジョ先生　古文書の調査のことに話が及びましたから、次にナマの古文書、原史《げんし》料《りょう》についての話をしましょうか。原史料に触れると、虫喰いの跡や墨の走った跡（コピーと異なり、墨の濃淡がわかります）、人間の指紋などを見ることがあります。考古資料も同じ

著者所蔵の史料

だと思いますが、当時の人が使ったものに直接触ることは、勉強の意欲を高めることにも繋がります。

これから、私の所蔵史料をお見せしましょう（モンジョ先生は、書斎の書棚の上にある箱を取り出し、大事そうに古文書を取り出す。フミオ君は、興味津々でその様子を見つめる）。これらは人から頂いたり、購入したりしたものです。私個人にはコレクションの趣味はありません。教材用に所蔵しているだけです（写真）。

フミオ君　摺物《すりもの》（印刷物）でも現物を見る必要がありますか？　印刷してあるから、どれも同じなんじゃないかな。

モンジョ先生　そんなこともないので

す。実は、まさにその問題について、言いたかったのです。『東方朔《とうぼうさく》秘《ひ》伝《でん》置文《おきぶみ》』（安政6年［1859］刊）という本を見てください。これは江戸時代の占いの本です。

フミオ君　ちょっと汚れていますね。

モンジョ先生　どこが汚れていますか？

フミオ君　下の角のところです（写真）。

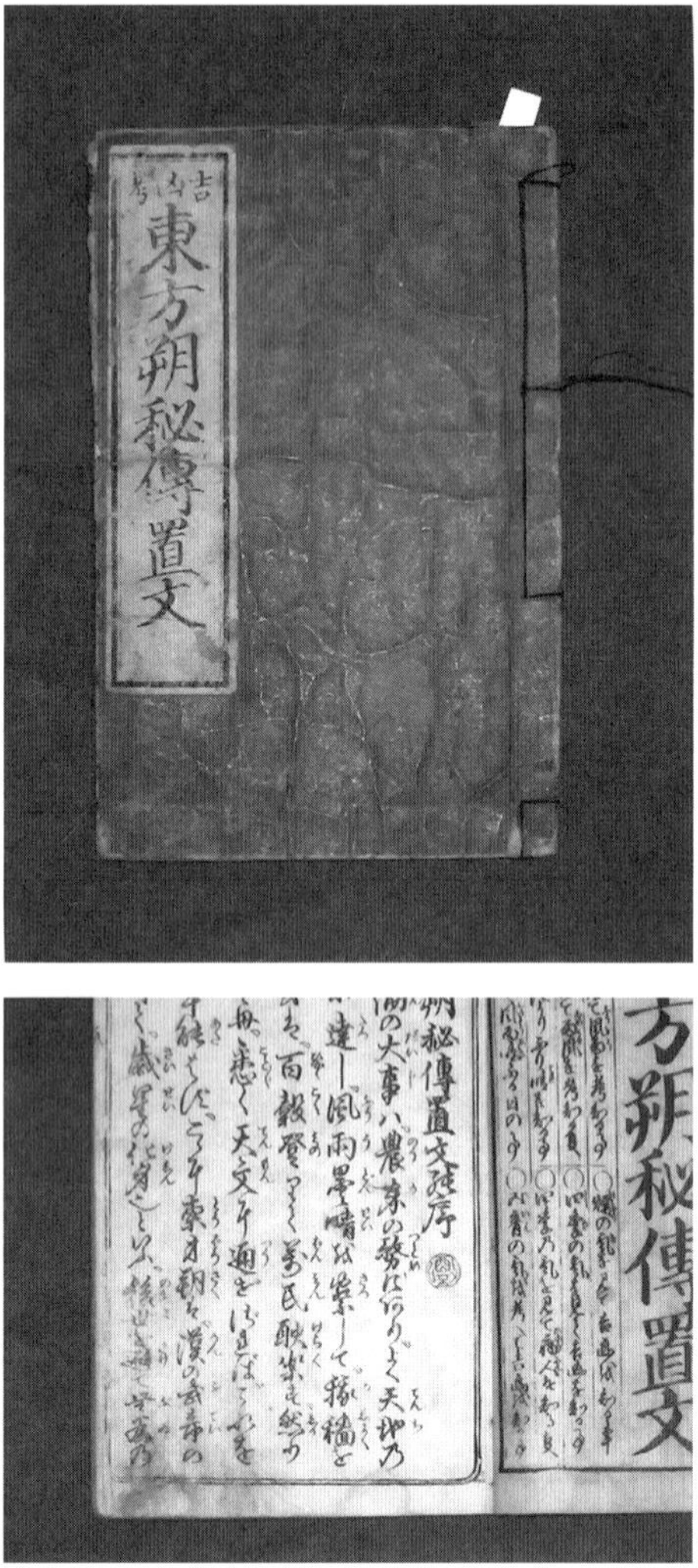

『東方朔秘伝置文』（安政６年［1859］刊）の表紙と、下の角

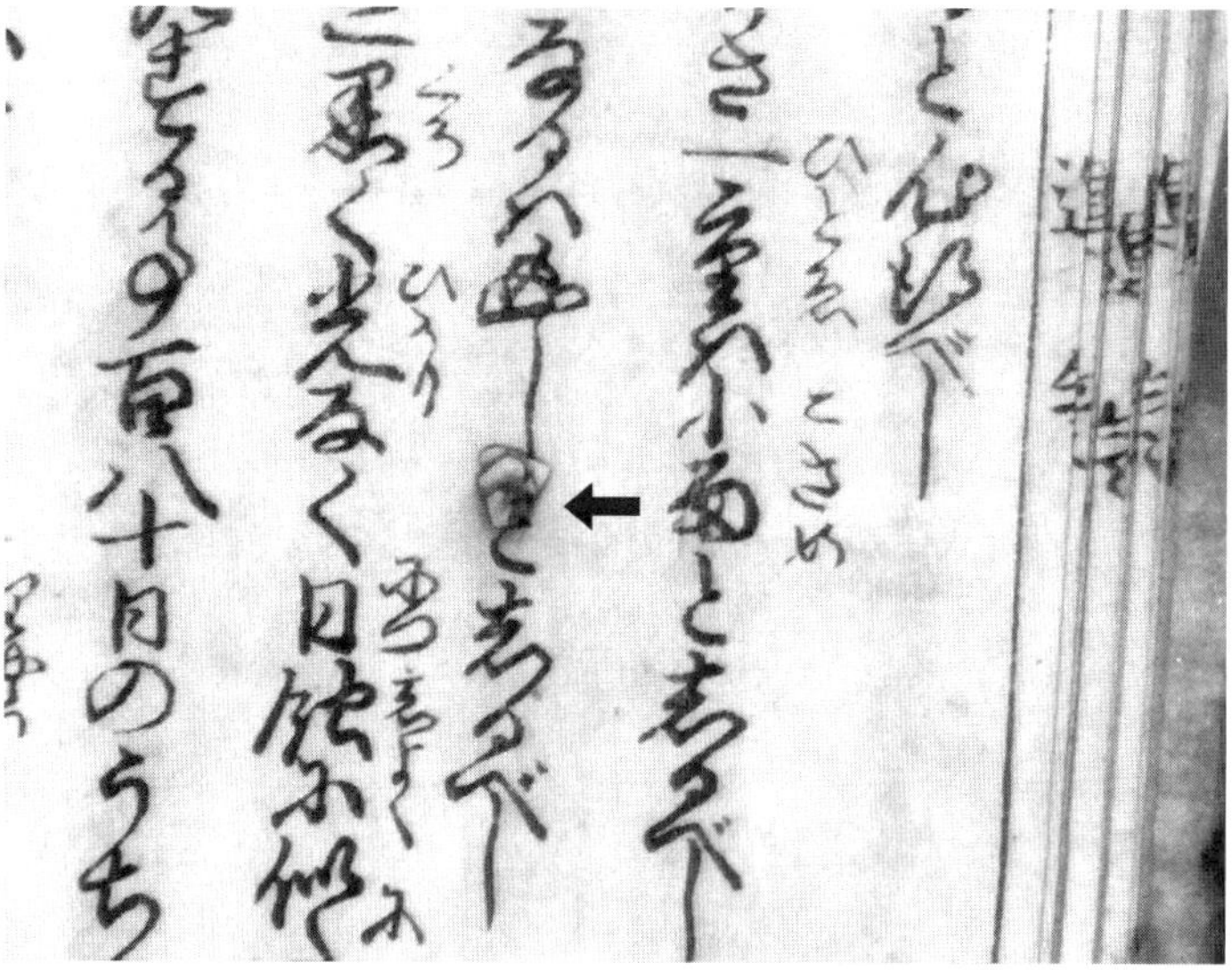

『東方朔秘伝置文』の煙草の焦げ跡

モンジョ先生　それはどの本でもそうなっています。本をめくる時には下の角を持つ、という習慣があったことがわかります。

フミオ君　印刷面を大事にしたのですね。汚れで昔の人の所作がわかる、というのは面白いな。

モンジョ先生　これは何でしょうか？

フミオ君　周囲が茶色になっていて、穴が空いています。

モンジョ先生　煙草《たばこ》の焦げ跡です。

フミオ君　なるほど。よく、旅館の畳に付いている煙草の焦げ跡と一緒だな（写真）。

モンジョ先生　きっとリラックスして

『北斎漫画』(文化11年［1814］)より

読んでいて、煙管《きせる》から火の付いた煙草が落ちてしまったのでしょうね。葛飾北斎《かつしかほくさい》の『北斎漫画《ほくさいまんが》』の中から、本や手紙を読む人の様子を抜いてみると、寝たり、体を傾けたり、姿勢を悪くして読んでいます。そういう状況を彷彿《ほうふつ》とさせる汚れですね(図)。

フミオ君　こちらは何でしょうか(写真)。

モンジョ先生　『増訂本草備要《ぞうていほんぞうびよう》』(享保14年「1729」)と言って、薬の効能などを解説した本ですね。これは本の所有者であった人物の蔵書印です(写真)。

フミオ君　ええっと、「中川家蔵書印」と読めますね。どこの中川さんでしょう?

モンジョ先生　中川飛騨守忠英《なかがわひだのかみただてる》という人の蔵書印です。中川は、江戸幕府の勘定奉行などを歴任

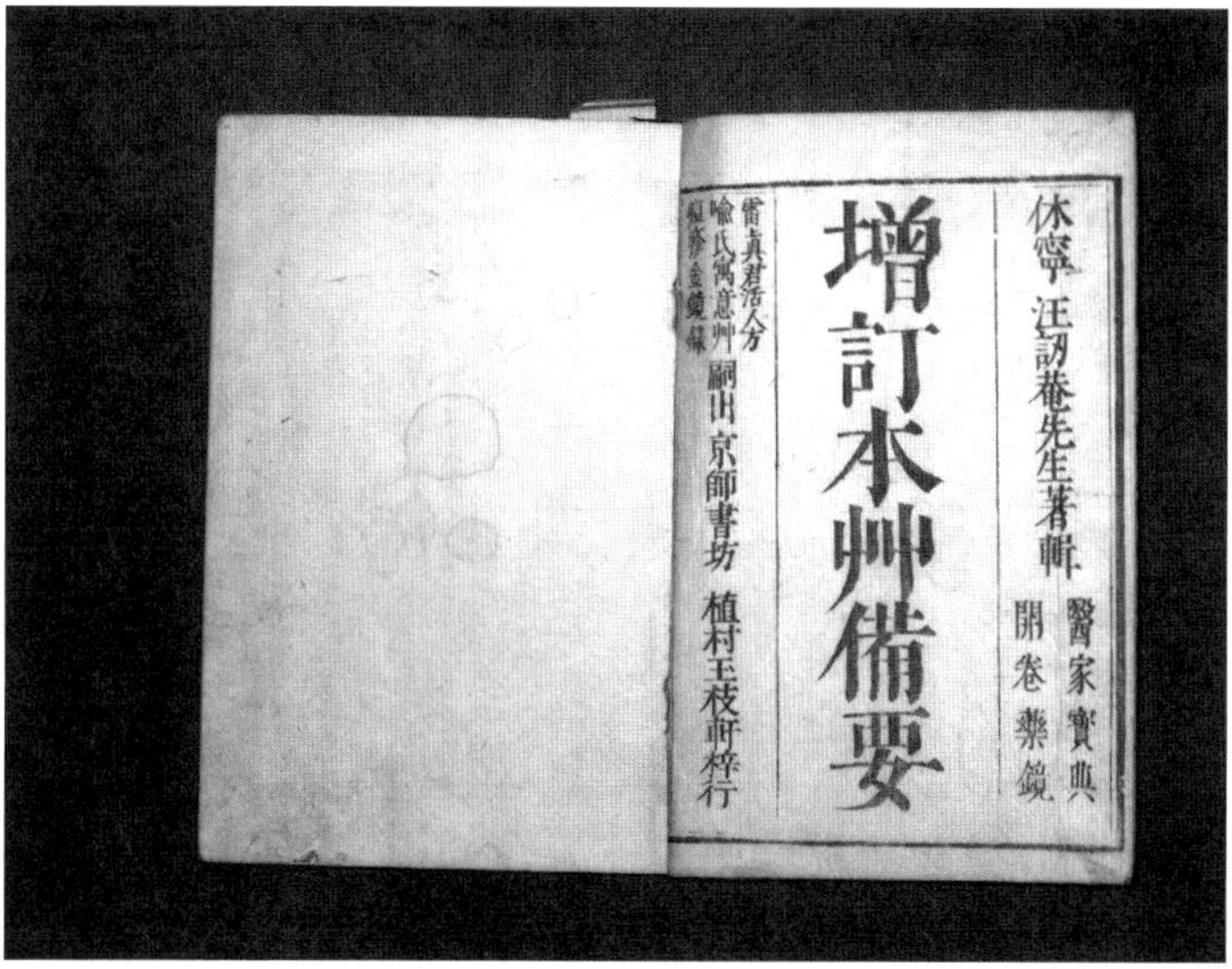

『増訂本草備要』（享保14年［1729］）

した人で、文人でもありました。あの、幕末に活躍した小栗上野介忠順《おぐりこうずけのすけただまさ》の祖父にあたる人です。ご覧の通り、欄外に少し書き込みがあります。中川の書き込みである可能性がありますね。

フミオ君　先生は、どうやってこれを入手したのですか?

モンジョ先生　神田神保町の古本屋の主人が、私にタダでくれたのです。主人もこれが中川飛驒守忠英の持ち物だとわかったら、タダではくれなかったでしょうね。私も貰ったあとで気がつきました。

要は、たとえ摺物（印刷物）であっても、よく観察すればオリジナルの情報はたくさんあるのです。それは持ち主の手垢や

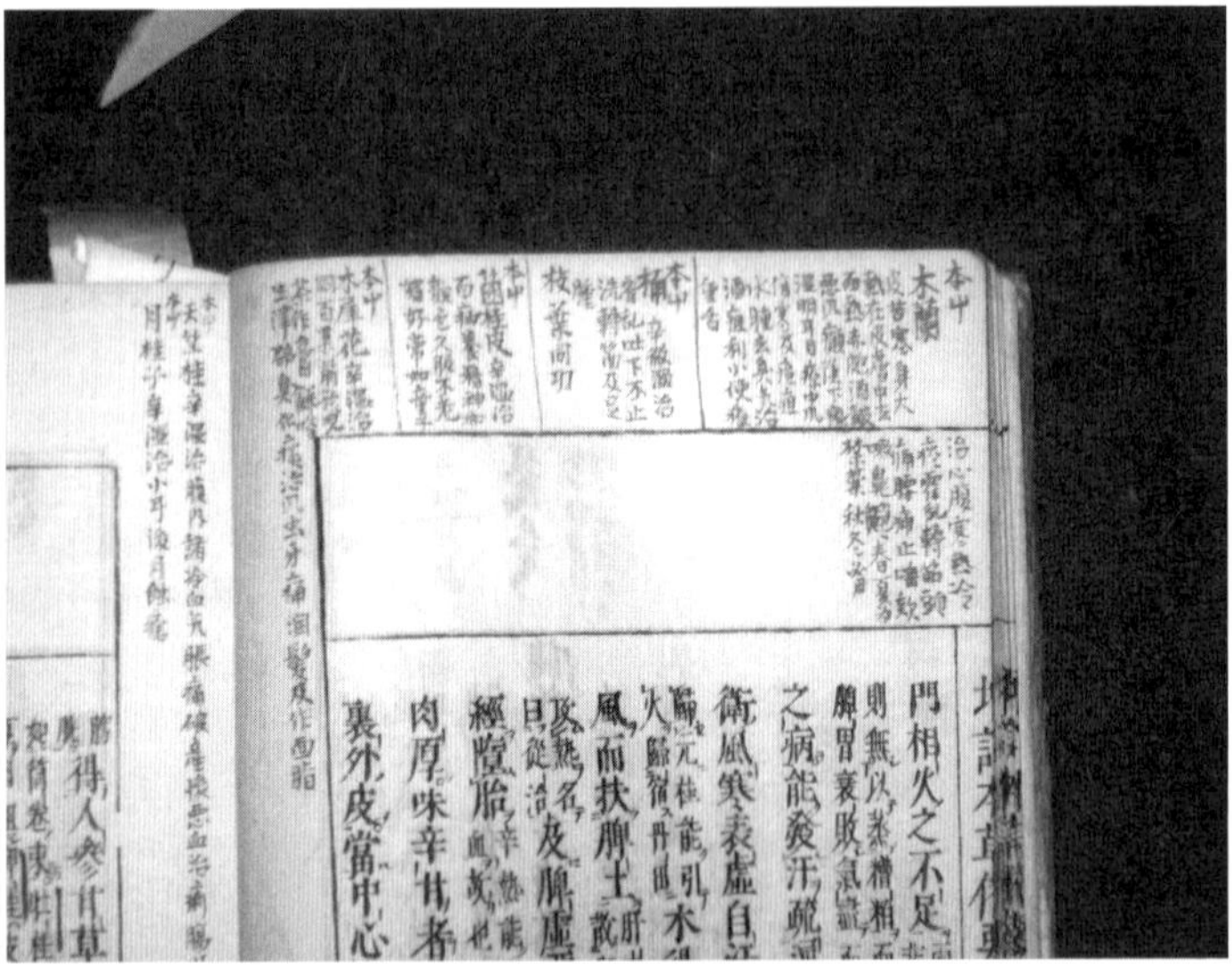

『増訂本草備要』（享保14年［1729］）の書き込みと蔵書印

煙草の焦げ跡、蔵書印、書き込みです。

博物館の展示では〝きれいなもの〟を並べがちです。しかし、〝きれいではないもの〟にこそ、当時の人びとの生活の様子が窺えるのです。戦時中の子供の教科書にも、軍人や軍艦を描いた落書きがあります。そういうものこそ、面白いのです。

❖ 古文書を「読む」、四つのフェーズ

フミオ君　古文書を「読む」というのは、どういうことなのでしょうか？　どこまで読めば、「読む」ということになるのでしょうか？

僕が通っている大学の「日本史料講読」の先生は、古文書を読んでくれるのですが、読むよりも解説の話のほうが長いのです。確かに講義時間は90分で、それが1年で30回分もあります。けれども、なかなか古文書を読むスピードが早くなりません。講義の内容は面白いから、そこは先生に対して不満はないのですが、もっと読まなくてもいいのかなあ？

本当は、そう思っています。

モンジョ先生　私の聞いた話によると、家永三郎《いえながさぶろう》という先生は、史料講読の講義中で、たまたまテキストの文章中に「天皇」という言葉が出てきてしまったために、その2文字を90分かけて説明したそうです。

フミオ君　それは大変ですね。家永三郎先生は教科書裁判で有名な先生ですね？

モンジョ先生　ええ、そうです。そのように「読み」に対して執念を燃やしたからこそ、教科書裁判になったのでしょう。

フミオ君　ああ、なるほど。思想信条の問題ばかりでもなかった、ということですね。僕らは新聞や小説を読みますよね。さらっと読む場合もあれば、熟読玩味しながら読む場合もあります。古文書を「読む」の「読む」は、このうちのどちらとも違うような気がします。

モンジョ先生　人の心を読むことも、「読む」の一つでしょう。

フミオ君　昔と今では使われている言葉が違う、という問題だけではなくて、昔の人の心と今の人の心は違うものなのでしょうか？

モンジョ先生　私は、古文書の「読み」には四つのフェーズ（phase　次元・段階）があると思っています。

フミオ君　ちょっとややこしいのだ、ということですね。

モンジョ先生　①のフェーズは、古文書原文を目で認識する段階です。②のフェーズは、それを翻刻《ほんこく》する段階です。「翻刻」とは、くずし字を楷書《かいしょ》に起こす作業のことです（これだけでも難しい問題があります。それは第3章で言及しましょう）。③のフェーズは、その翻刻した文を現代語に、そのまま直訳する段階です。

フミオ君　③のフェーズで終わるのではないのでしょうか？

モンジョ先生　④もあるよ、ということが私の意見です。④のフェーズは「解釈」をする段階です。昔の人が、なぜこのようなことを書いているのか、なぜこのような行動をしているのか、を説明しなければなりません。

フミオ君　例えば、どのようなことでしょうか？

モンジョ先生　江戸時代の将軍の葬儀において、将軍の御尊骸《ごそんがい》が通る道では、火の見《ひみ》櫓《やぐら》について規制がかけられています。当時の幕府令の文章には「火事が発生した場合は、火の方角を確認して降りてこい」とあります。これは尊貴な人や神様を物理的に高いところから見下ろしてはいけない、という禁忌（タブー）に基づいた文章です。しかし当時の人は、そのことをわざわざ解説していません。当時は、当たり前のことだったからです（高尾善希『驚きの江戸時代』〔柏書房〕）。

フミオ君　それは外国語でも起こり得ることですよね？　外国語を日本語に直訳しただけではわからない。その国の文化が理解できませんから。そうすると、江戸時代人と現代人の間は、外国人と日本人の間ほどに文化が離れている、ということになりますか？

モンジョ先生　そうだと思います。

フミオ君　これは驚きましたね。古文書を「読む」ということは、そんなにややこしいことですか。言葉遣いが違う上に、観念も異なるとなれば、二重にややこしいことになりますね。

モンジョ先生　もちろん、③のフェーズだけでよいという考え方（「文字を認識すればよい」という考え方）もあると思いますが、本来はそうなりますね。古文書の数をこなすことも重要ですが、少ない古文書をじっくり読むことも大切だと思います。フミオ君の先生は、後者のことを教えようとしている真面目な先生だ、と思いますよ。

第2章

僕らの日常に潜む過去

ヘエ〜
これは

① 古文書と史実

❖ カラスはいるか、過去はわかるか

フミオ君　今まで、過去を知る様々な手段や、古文書の種別のことなどを教えて頂きました。さて、それらを使って過去を研究したとして、過去はどこまでわかるものなのでしょうか？　あるいは、どうやってわかるものなのでしょうか？　そして、何がわからないのでしょうか？　僕なんかからすると、先生は何でも知っているように見えます。

モンジョ先生　いや、そんなことはありませんよ。時々、中学校レベルのこと、特に年号などは、ど忘れをします。別に謙遜しているわけじゃありません。

フミオ君　先生は昔のことを何でも知っているわけですか？　先生はご自身の生まれる

前のこともよくご存知ですが……。

モンジョ先生　わかるわけがないでしょう。誰しも自分の生まれる前のことなんか、わかるわけがありません。

フミオ君　それなのに、なぜ昔のことがわかるのでしょうか？

モンジョ先生　私の研究でいえば、古文書に書いてあるからですね。考古学では考古資料ですね。それ以上のことはわかりません。

フミオ君　そして、古文書に書いてあることが、まさに歴史の教科書に書いてありますね？

モンジョ先生　そうですね、原則的には真面目に書いてあると思います。しかし、厳密には、わかったようなふりをしているだけです。私の書く文章にしてもそうです。

フミオ君　僕が気になるのはそこなのです。

モンジョ先生　例えば、今の世の中で、ある場所で事件が起きたとします。しかし、フミオ君はその現場を見ていませんね。

フミオ君　はい。しかし、自分が現場を見ていなくとも、記者が現場に行って取材をしてくれます。それらをテレビや新聞で見ますよね。それを通じて、僕はその事件を認識できます。

モンジョ先生　そうそう。それで日常生活に支障はなさそうです。

フミオ君　ただ、ないことを捏造《ねつぞう》する「ヤラセ番組」もありますけどね。そういう意味で、「ヤラセ番組」というのは罪ですよね。事件の現場を見ていない人が大多数なのだから、人びとの認識を根底から狂わせてしまう。すると、世の中全体を狂わすことだって可能になる。そう考えると、メディアは大変な権力を持っています。

モンジョ先生　しかし、複数のメディアで報道されて、それらの中で重なる情報があれば、皆は「大まかなところで、それらは事実なのだろう」と認識するでしょう。

フミオ君　もちろん、そうですね。でも、寂しいですね。それじゃあ、僕の周囲は「大まかなところ」を把握できるだけであって不確実なことだらけ、ということじゃないですか。結局、事件の報道ならメディア任せです。つまり世界は不確実だ！

モンジョ先生　ううん。すごいことを言いますね。でも、それはフミオ君の言う通りです。それを歴史学で言えば、史実が不確実だ、ということです。フミオ君の言うように、テレビに映った事件の現場を、大多数の人は見ていない。それと同じように、現代人も過去に起こったかもしれない現場を見ていない、という場合がある。両者は、よく似た関係です。古文書に書いていることが、検討の結果、確実であったらしいにしても、100％確実であることは証明の仕様がありません。それは、神様しかわかりません。

フミオ君　やはり、そうですか。残念ですね。歴史学といっても、そういうものでしかないのですね。

モンジョ先生　私は、もちろん神様ではありません。限界の多いか弱い人間です。だから、古文書の中から史実を抽出するということでしか、過去にアクセスすることはできません。私はその枠の中で必死にもがいていますが、フミオ君はそれを笑いますか？（笑）

フミオ君　いやいや、とんでもない！　僕には、先生みたいに必死に頑張っている人を嘲笑する資格なんてありませんよ！

モンジョ先生　私は、歴史学の研究を「神様に逆らう不遜《ふそん》の行為」だと思っています。時間を逆方向に進むことはできません。時間を逆方向に進むことができるのは、全世界を統《す》べ給う神様のみです。それを人間がやろうとしているわけですから、「不遜の行為」以外の何ものでもない、と思います。

フミオ君　歴史学を勉強すれば、過去がわかり、過去と現代との繋がりもわかるでしょう。そのために、現代の政治や社会の成り立ちもよく理解できそうな気がします。だけど、過去を遡るということは、論理的にも技術的にも難しいわけですね。

モンジョ先生　ただし、たくさんの過去の痕跡を集めれば、障子に映る影絵のように、何かが見えてくることがあります。それを「史実」と称して掬《すく》っているだけです。それが真実と重なっているかどうかは、神様しかわかりません。

フミオ君　人間のやることは、どうせ神様には敵わない、と考えるわけですね。

モンジョ先生　例えば、ある村に農夫がいた、とします。その農夫は、田んぼに出て仕事をしています。夕方になり、裏山で「カアカア」とカラスが鳴いています。カラスの姿は見えませんが、「カアカア」という鳴き声を聞いた以上、裏山のどこかにカラスがいるだろうことはわかります。「声はすれども姿が見えず」です。意地悪に考えて、その声は人間の物真似かもしれない、とも疑えます。しかし、人間が裏山でカラスの物真似をする意味がないとか、これだけの大声を人間が出すことは技量的にも不可能であろうとか、裏山にはカラスの巣があるのだとか、それらの状況を総合的に考えます。それで、農夫は「カラスがいるのだ」と暫定的に認識します。「暫定的」というところがミソです。あくまで「暫定的」で、100%確定ではありません。

フミオ君　それでは、たまたまある日は、裏山のカラスが鳴かなかった、とします。「声もしないし姿も見えない」場合は、カラスは「いる」のでしょうか、「いない」のでしょうか？

モンジョ先生　農夫は裏山にカラスの巣があることを知っていて、今日もカラスがそこにいるのだろうことは、充分に想像することができます。しかし、気まぐれでカラスは鳴かなかった。農夫は田んぼに出て仕事をしていますから、裏山へ見に行くことができません。カラスが鳴かなかった場合は、裏山にカラスがいることを証明することができません。

フミオ君　すると、その日の農夫にとって、裏山のカラスは「いない」のですね。

モンジョ先生　ええ。「いない」でしょうね。

フミオ君　すると、この話にあるカラスを史実に当てはめて考えた場合、証明できないことは仕方がないから、調べても仕方がないよ、という態度になりますか？

モンジョ先生　そうですね。例えば、私にとっては、ＵＦＯ（未確認飛行物体）や幽霊はいるのかいないのか、今のところはどちらでもよい、と思っています。いるのかいないのか、証拠がない以上は（証明する手段がない以上は）、議論の仕様がありません。そして、議論の仕様がないため、興味が持てません。フミオ君だって、そう思うでしょう？

フミオ君　何となくわかってきました。

モンジョ先生　史実というものは、フミオ君の言う通り、100%確実になりません。不確実は不確実なのです。でも、諦めてしまうのは早計です。蓋然性《がいぜんせい》を果てしなく高めていくことは可能だからです。70%を80%に、80%を90%に、というように……。だから、いろいろな人が、古文書を集めたり、研究論文で報告し合ったりしています。独力では限界がありますから、多数の人が寄って、大きなちからにするのです。これが学界というものです。学界というのは、文系や理系に限らず、不確実な世界について検討し合う場です。人間は神様にはなれませんから。

❖ 史実と真実

モンジョ先生　ここで、今まで述べてきたことを、もうちょっとクリアにしてみましょう。図をご覧ください。円が二つ並んでいて、一部分が重なっています。

フミオ君　これは何かのたとえですね？

モンジョ先生　左の【円①】が「真実の世界」です。

二つの円――古文書と史実

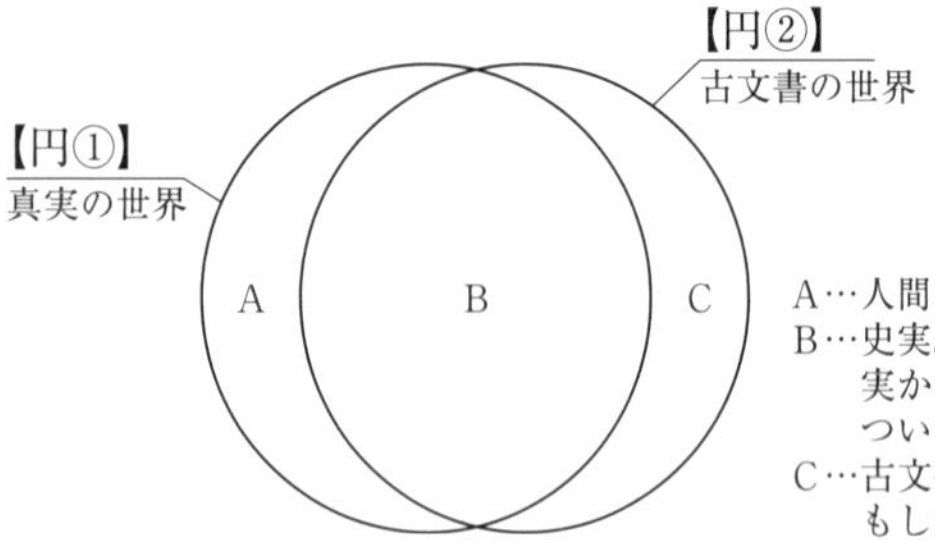

A…人間の知り得ない真実。
B…史実。古文書に書いてある真実かもしれない事柄。真実について人間が知り得る部分。
C…古文書に書いてある嘘ごとかもしれない事柄。

フミオ君　「真実の世界」……これは何を指しているのでしょうか？

モンジョ先生　この世に起こった全てを、ここで仮に丸い円でかたどりました。

フミオ君　宇宙物理学では、宇宙創造はビックバンから始まった、とされています。それを指し示すデータもあるようです。そのビックバンも入りますか？

モンジョ先生　もちろん、入ります。

フミオ君　僕の朝食のメニューも？

モンジョ先生　入ります。

フミオ君　しかし、こんなに小さな円の中には入りきれませんね。

モンジョ先生　まあまあ。たとえだと思ってご容赦ください。

フミオ君　わかりました。それで、右側の円は？

モンジョ先生　右側の【円②】は「古文書の世界」です。ここに古文書の全情報量が詰まっています。もっと本質的なことを言えば、「人間が認知できる世界」の限界線を円状にかたどりました。ここでは古文書で考えていますから、仮に「古文書の世界」としているだけです。もちろん、考古学で扱う考古遺物も、「人間が認知できる世界」を考古学で考える場合は、この円を「考古遺物の世界」と言い換えても結構です。

フミオ君　わかりました。その結果、【円①】が【円②】と重ならない部分（A・C）、【円①】と【円②】が重なる部分（B）の両者に分かれました。

モンジョ先生　このA・B・Cの3つの部分について、それぞれ説明しましょう。Aは真実ではあるけれども、古文書には残らなかった部分です。

フミオ君　それはたくさんあるでしょう。

モンジョ先生　文字にしたくなかったこと。文字にしてはいけないこと。些細なことすぎるため、文字にするまでもないと判断されたこと。いろいろな事情があります。三つめの例で言えば、自分が食べた毎日の食事の献立などは、日記を付けている人でもあまり書き記しませんよね。

フミオ君　古文書を読む上において、古文書に書かれなかったことが多い、ということとは意識すべきですね。何でもわかるわけじゃないよ、と。

モンジョ先生　次に、【円①】と【円②】が重なる部分、Bです。実際にあったこと（真実）で、なおかつ、それが古文書の記述として残されている、という部分ですね。真実と文字の重なりが史実です。真実と史実は概念が違います。

フミオ君　そのように両者が重なっている、ということがなぜわかるのでしょうか？

モンジョ先生　原則的には、複数の古文書を並べて比較検討するのです。例えば、ⅠというⅠ古文書、Ⅱという古文書、Ⅲという古文書、Ⅳという古文書を並べて、同じことが書いてあれば、あるいは整合性の合うような内容であれば、真実である可能性が高い、と認定します。もっとも、記憶や記述の間違いなどがあって、記述に若干の相違があることも珍しくありません。

フミオ君　各々の史料の性格も検討する必要がありそうですね？

モンジョ先生　もちろん、そうです。ⅡとⅢとⅣが全てⅠを写したものであった場合は、比較検討の作業が無意味になってしまいますから、それぞれの古文書の成り立ちまでを調べる必要があります。

フミオ君　それでも、１００％真実と文字が重なっているかどうかはわからないわけですね？　さっき、検討の結果確実であったらしいにしても、１００％確実であることは証明の仕様がない、と先生が指摘しました。

モンジョ先生　その通りです。

フミオ君　最後はCの部分ですね。これは……。つまり……。

モンジョ先生　ええ。真実からは外れているけれども、文字に記されていることですね。

フミオ君　要は「嘘つき」ってことですね。人間は嘘をつく生き物である。

モンジョ先生　嘘もあります。しかし、嘘ばかりでもありません。うっかり書き間違いをした、ということもあり得ますからね。

フミオ君　そうか。でも、うっかり書き間違いをした、ということは比較的判断しやすいかもしれませんね。悪意がないので。

モンジョ先生　どうでしょうかね。一概にも言えません。悪意がある場合も、仕掛けさえわかってしまえば、悪意がある分、わかりやすいのではないか、と思います。これは面倒なので次の話題へ進みましょう。

❖文字が嘘をつく、文字にならない想い

フミオ君　過去を知るには古文書しかありませんね。

モンジョ先生　はい。考古資料や伝承などを除けば、まさにその通りです。

フミオ君　それならば、どうして古文書に書いてあることが嘘だとわかるのでしょうか?

モンジョ先生　現代の私たちが、複数の古文書を組み合わせて合理的に判断すると、一部の史料が嘘をついていることがわかります。先に、円二つの図の説明において、Bの部分(史実の部分)の確定には複数の古文書を使わなければならない、と指摘しました。Cの部分でも同じようなことが言えます。やはり複数の古文書を使います。これには、ちょっと実例を挙げてご説明しましょう。

フミオ君　たった一つの古文書だけではわからない、ということですね。

モンジョ先生　慶応4年(1868。9月8日に明治と改元)の古文書で、興味深いものがありましてね。場所は武蔵《むさし》国多摩《たま》郡芋久保《いもくぼ》村(現在の東京都東大和《ひがしやまと》市芋窪《いもくぼ》)です。

慶応4年閏《うるう》4月16日、この村を盗賊二人が襲ってきました。今で言うところの自警団にあたる農兵がこの盗賊たちを追い詰めまして、「追々駆付《かけつけ》盗賊両人共打倒《りょうにんともうちたおし》、抜刃《ぬきば》は大勢ニて踏折《ふみお》」りました。盗賊たちを捕縛して関東取締出役《かんとうとりしまりしゅつやく》（関東一円の治安を担当する幕府の役人）に突き出そうとしたところ、揉み合っているうちにいつの間にか二人は死んでしまった、というのです。これらは、芋久保村から幕府代官《だいかん》の江川太郎左衛門《えがわたろうざえもん》に宛てた「訴書《うったえがき》」（報告書）に書いてある内容です。

フミオ君　ほう。でも、それはあり得そうな話じゃないですか？　映画にも出てきそうです。

モンジョ先生　ところが……ですね。

フミオ君　どうしたんですか？

モンジョ先生　この「訴書」の写しを載せている日記は『里正日誌』という日記です（翻刻文は『里正日誌』第10巻［東大和市教育委員会］）。その「訴書」の写しの続きに、内実が書いてありました。「賊二人ハ斬首《ざんしゅ》致シ候得共《そうらえども》、御代官ノ指図モ受ケサレハ如何ヤト存シ、賊相果タル旨ニ届書ヲ草案シテ差出サシム」。つまり、「実は盗賊の首を斬ってしまったのだけれども、御代官様の指図を受けていないものなので、まずいと思って、盗賊が死んでしまった、という届書を草案（下書）にして差し出させた」、ということです。これを書いたのは、芋久保村の隣にあった蔵敷《ぞうしき》村の名主です。

フミオ君　ええっ。勝手に首を斬ってしまったのですか？　私刑《リンチ》にしてしまった？

モンジョ先生　そうなのですよ。詳しい顚末も、その続きに書いてありました。実は、盗賊二人が芋久保村を襲った時に、近隣の村の百姓が5～600人も集まりまして、「殺してしまえ」という結論となった。それで、盗賊二人に「今生の名残りだ」と言って酒を飲ませ、百姓の代表者一人が太刀を抜いて、彼らの首を落とした、ということらしいのです。

フミオ君　今だったら、警察に無断で人を殺した、ということですよね？　おおごとですね。

モンジョ先生　深刻ですよね。慶応4年と言えば、いわゆる「大政奉還《たいせいほうかん》」の翌年ですから、結局、幕府の権力は失墜していたわけです。そのような権力空洞期に起こった、特殊な事件と捉えるべきなのかもしれません。普段は、政治権力は公権力を握っているのですが、政治権力の勢力が落ちてくると、村が公権力のマネをし出すのかもしれない、と私は思っているのです。

フミオ君　それはつまり、もし代官への訴書のほうだけしか古文書が残っていなかったとしたら、ただ盗賊二人が死んでしまったよ、という平凡な事件としてしか、歴史に残らなかったわけですよね？　恐ろしいなあ。何を信じればよいのか。

モンジョ先生　それから、手紙に嘘を書きました、という証言もあります。今度は近代史の例を見てみましょうか。文字に外部からプレッシャーがかかる、ということでは、過酷な状況であった昭和期の戦争の例がよい例になる、と思います。

小説家の小林信彦（1932〜）さんは、東京の東日本橋の老舗和菓子屋に生まれて、昭和19年（1944）8月29日から、埼玉県入間《いるま》郡名栗《なぐり》村（現在の埼玉県飯能市）への学童疎開を体験しています。小林信彦さんの小説『東京少年』（新潮文庫）には、疎開先から送った手紙について、疎開生活について正直には書き記さなかった、と証言しています。疎開先からの手紙にも、教師の検閲があったからです。しっかり検閲印も押されていました。

家に出す手紙、葉書、家からくる手紙にも、教師の検閲の目が光っていた。
あとにして思えば、不条理なことなのだが、この土地で、相互監視の中で暮すぼくは、そんな風には思わなかった。アメリカと戦う上での、当然の約束ごとと信じ、葉書を書く時には、ありきたりの文章を書いた。おそらく、自己検閲をしていたのだろう。

二、三年生のころは、自分の感情を生き生きと表現するように指導され、ぼくもそう努めてきたが、疎開先では、紋切型の文章、というよりも嘘でかためた文章しか書いていない。

いま、ぼくの手元に、当時、母方の伯父に書いた葉書があるので、子供がいかに嘘をつくかという見本を示したいと思う。

〈おじさん、御元気ですか。僕達は毎朝起きると、九月は水あびをし、十月はかんぷまさつをします。夕方には、温泉へ行きます。ラヂウム温泉なので、けがなどには、とてもききます。こちらは、とても景色がよくて新鮮な空気です。川もきれいで、あゆがいます。村の人も親切で、僕達の食物をなにかと心配してくれます。だん〳〵さむくなりますから、体に気をつけて下さい。

では、さようなら。

昭和十九年十月六日〉

（小林信彦『東京少年』〔新潮文庫〕）

この作品は厳密な自伝ではないけれども（一部分、フィクションがある）、学童疎開を体験した人の心理状態を伝えています。

フミオ君　戦争の怖さと言えば、兵隊さんが亡くなったり、空襲で一般の市民が亡くなったりすることが思い浮かぶのですが、学童疎開の深刻さはどうなのか、正直なところ、よくわかりません。僕のような若い人たちにとっては、人が死ぬよりも、深刻さに欠けるんじゃないかと思ってしまう。むしろ、学校の遠足のようなものだったのかとか、子供にとっては親元から離れられる「楽しい遠足」のようになるのか、とか……。

モンジョ先生　確かに、学童疎開の体験は人によって様々です。深刻な場合も少なくありませんでした。死亡する例もあります。昭和19年8月22日の対馬丸《つしままる》事件のように、たくさんの子供たちを乗せて疎開先へ向かっていた船がアメリカ軍の潜水艦による魚雷攻撃で沈没させられる、という事件もありました。貧しい村に送られた疎開児童たちも、現地の村人たちにとっては招かれざる客でした。ただでさえ、食糧難でしたから。また、疎開した人びとの中では、食糧をめぐって喧嘩になったこともあります。小林さんの疎開の場合がそうです。小林さんは次のように書いています。

親元を離れた子供たちが憎しみ合い、苛《いじ》め合う結果となり、深いトラウマを残した。もっとも、〈楽しかった日々〉と記憶している人もいるらしく、六年生と三年生（最下限）ではかなり記憶が違うらしい。少くとも、後年、ぼくと同年齢の人たちは〈集団疎開〉の話題に触れたがらず、触れても、せいぜい苦笑するだけだった。ぼくたちにとって、〈集団疎開〉は、とりもなおさず、戦争そのものであった。

（小林同著）

フミオ君　ところで、先生の目から検閲を逃れて、受け取り手に正直に伝える方法はなかったのですか？

モンジョ先生　手紙の封筒の裏に「家へかへりたいわ」と書いた児童の例は、紹介されています。先生の目を逃れるために、わざわざ封筒の裏に書いたわけですが、受け取った家の人が気づいたかどうかは、定かではありません。先生が気づかないのだから、家族も気づかないのでは？　という素朴な疑問が残ります。残るはずのない文字が残された、という稀有な例ですね（図）。

家へかへりたいわ。

疎開先から家族へ 10歳少女の手紙

目黒の香河さん 都公文書館展示

太平洋戦争中に東京から静岡へ学童疎開した香河郁世さん(80)＝目黒区＝がこの夏、疎開先から家族に宛てた手紙や絵を都公文書館（世田谷区玉川1）に寄贈した。当時、赤松国民学校初等科（現在の大田区立赤松小）の5年生。家族と離れた心細さや、食糧不足の厳しい生活の様子がうかがえる。学童疎開に関する行政文書とともに、同館で開催中の企画展「子どもの見た戦争　手紙が語る学童疎開」で展示されている。【川口裕之】

香河さんが疎開先から家族に宛てた手紙。母親へは食べたいものをつづった

食べたいものをつづり「こんな事たのんでごめんなさい」

「家へかへりたいわ」。茶色く色あせた封筒の内側に書き込まれた小さな文字。香河さんが家族に出した封書で、宛名のそばには事前に内容をチェックしたことを示す先生の印鑑が押されている。「はっきりとは覚えていませんが、親を心配させるようなことを書くなとでも言われていたんでしょうね」。香河さんは振り返った。

1944年8月から翌年5月まで、静岡県島田町（現・島田市）の寺に疎開した。同じ学校の女児ばかりだったが、クラスの違う子も多く、はじめはみんな家に帰りたがっていたという。

疎開先でも食糧は不足がちで、「いり豆」や「いり米」、おやつ代わりという「エビオス」など、食べたいものを母への手紙につづりながら、「お母さんへ　ないしょ」「こんな事たのんでごめんなさい」「なかったらいいです」と書き添えた。やがて疎開先に近い海軍航空隊の兵士と知り合い、文通を始めた。兵士から届いた手紙には「にくい米英をきっと撃滅し皆さんを元の東京にお帰り出来る様に致します」と勇ましい言葉が並んでいる。

家族宛ての封筒の内側に書かれた「家へかへりたいわ」の文字

食糧不足、心細さ……仲間と支え合った10カ月

疎開仲間と一緒に畑を作り、野草を摘み、支え合って心細い疎開生活を乗り切った。戦後も疎開先の寺を一緒に訪問するなど交流が続いているという。「親元を離れた10カ月は大事な思い出。お寺も良くしてくれた。第二の古里なんでしょうね」と香河さんは話した。

同展は9月12日まで（土日、祝日と8月20日は休館）。入館無料。

疎開先での思い出を語る香河郁世さん＝目黒区で

『毎日新聞』多摩版（2014年８月19日朝刊）より

フミオ君　へえ。そんな文章が残っているのですね。それは「検閲の目が行き届いていた」という証拠になりますし、文字が正直な気持ちを表すとは限らない、といういい例になりますね。そうなると、戦地からの手紙などもどうなのか、考え直さなければならないかもしれません。

何の事情があるにせよ、純粋な子供にこんなことをさせるなんて、なんとまあ、駄目な大人たちでした。やはり、文字にされなかった人の想いは、まだまだたくさんありそうですね。嘘もあるし、意図的に記さなかった想いもある。そこまで歴史学

は考えなければならないなあ。

モンジョ先生　それから、注意しなければならないことは、史実は単独で存在しているものではありません。史実と史実が密接に関連し合いながら存在しています。例えば、フミオ君のお父さんとお母さんがいて、そのまた上のお父さんとお母さんがいます。そうやって、系図の網の目の中にフミオ君という人間がいます。文章から何らかの史実を抽出したとしても、それがしっかりとした史実なのかどうか、ほかの史実の関連性から検討する必要があります。仮に、これを「史実の組み上がり」論とでも言っておきましょうか。

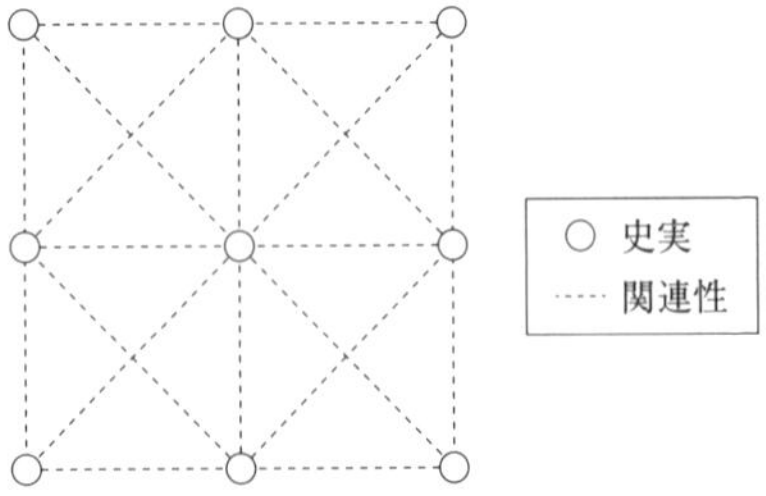

史実の組み上がり

フミオ君　（フミオ君、絵を書く）それは、このような感じでしょうか（図）。

モンジョ先生　そうですね。この「史実の組み上がり」論は、近代史で言うと、歴史修正主義者という立場の人びとを批判するための論法として使うことができます。歴史修正主義というのは、まあ何というか、日本は悪い国じゃありませんでしたよ、という意図で、歴史を捻《ね》じ曲げよう、という考え方です。

例は何でもよいのですが、ええっと、例えば、1951年のアメリカ上院軍事外交合同委員会の「マッカーサー発言」というものがあります。これも近代史の話です。「史実の組み上がり」に反する無理筋な結論は、何か特別な政治的目的がないと発生しにくいので。

フミオ君 どのような発言ですか?

モンジョ先生 マッカーサーがその委員会で、「太平洋戦争は日本の自衛戦争であった」と発言した、というのです。この話は、東京都教育委員会が編纂した『江戸から東京へ』という教科書にも載っている話で、「この戦争を日本が安全上の必要に迫られて起こしたととらえる意見もある」と紹介しています。敵方の大将の発言なので、歴史修正主義者には珍重されます。

フミオ君 彼は、本当にそんなことを言ったのですか?

モンジョ先生 いいえ。そこでのマッカーサーの話は、当時の対中国封鎖作戦計画に関する話が中心です。そのため、開戦前の日本についての古い話を引き合いに出して、日本が経済封鎖による混乱を恐れて開戦した、と発言したに過ぎません。だから、極めて限定的・短期的な現象について言及しているものであり、日本による戦争全体を論評したものでないことは明らかです。

もしマッカーサーが、日本による戦争を擁護したとすれば、一緒に戦ったアメリカの将兵たちが「裏切りの行為だ」と言って怒り出すでしょうね。だから、「将兵たちが怒った」という史実が提出されなければ、先に述べた「史実の組み上がり」に欠ける話なので、史料中の言葉を抜き取ったとしても、それは部分的な抜き取りなので、史実としては無効なのです。

フミオ君　なるほど。史実というのは単独で存在しているものではなくて、相互に関連し合っている、ということなのですね。

② 歴史ドラマと歴史学

❖ 歴史ドラマの時代考証はどこまでやるか

フミオ君　実は、前から気になっていたことがあります。歴史研究にはあまり関係のない僕らが歴史に接する場合は、学校での「歴史」という教科以外では、時代小説や漫画、テレビや映画の歴史ドラマだと思います。あとはゲームもあるかな？　先生はご存じないかもしれませんけどね。それらは一体どうやって作っているのでしょうか？

モンジョ先生　「どうやって」って、それは、小説家さん、漫画家さん、脚本家さん、ゲーム作家さんが、頭を抱えながら作っているのではないですか？　結構、もの作りは大変ですよ。注文主からせっつかれますし。

フミオ君　でも、全くの空想で作るわけではありませんよね。例えば、歴史ドラマはどうでしょうか？　脚本家が書斎に籠って一人で腕を組んでやるにしても、話の構成や登場人物の会話を、何から何まで空想で捻《ひね》り出すわけではありませんよね？　歴史関係の書籍を参考にしますよね？

モンジョ先生　そういうことですか。それは確かにそうですよ。何か、基本的な史実という軸はあって、そのまわりにフィクションがくっついています。作中の登場人物が明らかに死去している時期なのに、その人物を生きていることにするわけにはいきません。ただし、例えば「大坂夏の陣において、豊臣秀頼が大坂城を脱出して生き残った」というフィクション自体を売りにするならば、例外ですけれども、たいていは基本的な史実を守らなければ、話が滅茶苦茶になりますね。「水戸黄門《みとこうもん》」の徳川光圀《みつくに》の漫遊も例外の一つです。

フミオ君　滅茶苦茶にならないようにするのが時代考証というお仕事ですね。先生は歴史ドラマの時代考証をなさったことがありますか？

モンジョ先生　ありますよ。映画2本に携わりました。本格的なものではありませんが、脚本ができた段階で、少しだけ助監督さんにアドバイスを差し上げることは多々ありますね。現場は予算がないので、ほとんどがサービスでやります。

フミオ君　その場合、滅茶苦茶にならないようにするための基本的な史実と、そうでもない史実というのは、どのように区別するのでしょうか？

モンジョ先生　第一に考えることは、観ている人が違和感を持たないようにしますね。江戸城の天守閣のことはご存じですか？　江戸時代後期の江戸城には天守閣がありません。

フミオ君　ああ、それなら聞いたことがあります。ええっと、江戸では明暦《めいれき》３年（１６５７）に「明暦の大火」という大火事があって、確かその時に江戸城の天守閣が焼け落ちました。それ以降、天守閣が再建されることはありませんでした。幕府の財政事情が逼迫していたこと、あるいは泰平の世に天守閣という軍事施設は必要ないと判断されたことによる、と聞いています。

モンジョ先生　そうですね。それはフミオ君が知っているくらいですから、読者の皆さんは知っているでしょうね。

フミオ君　まあ、そうかもしれません（フミオ君は「ちょっと馬鹿にされたかもしれない」と不満顔である）。

モンジョ先生　まず、そういう事柄は踏まえておく必要があるでしょうね。観ている人から不満が出ないようにします。最近は物知りの方も多くなってきましたから、ハードルが上がってきたかもしれません。それ以外の、当時の細かい風俗などについて再現することができない部分は、時代考証を諦めてしまいますね。

フミオ君　え？　諦める？　不真面目だなあ。

モンジョ先生　まあ、確かに私が不真面目な人間ではないとは言い切れません。でなければ、出版社からの原稿の締め切りはきっちり守るでしょうね。しかし、やはり何から何まで時代考証をするのは現実的ではありません。観ている人が違和感を持たない程度にやる、としか言いようがありません。

フミオ君　そんなものなのですか？

モンジョ先生　それはそうです。私にも専門がありますから、何か何まで手が届くわけではありません。例えば、江戸時代の喋り言葉はh音（ハ、ヒ、フ、ヘ、ホ）がf音（ファ、フィ、フゥ、フェ、フォ）であったと言います。これは、言語学関係の先生に詳しくお聞きしないといけませんね。

フミオ君　じゃあ、言語学の先生に……。

モンジョ先生　いやいや、そのような手間や時間はかけていられません。締め切りのない仕事など、この世に存在しないのです。

フミオ君　大人の事情ですね。
モンジョ先生　どのような仕事でも、物理的な制約がありますから、その枠内で行います。自分の個人的な研究ならば、ライフ・ワークとして自分の命がある限り、永久に続けることができますが、頼まれた仕事ならば、限界がきた段階でその仕事は終わりです。

❖歴史ドラマは現代ドラマである

フミオ君　そうか。歴史ドラマは随分といい加減だなあ。じゃあ、もう観ないようにしよう。
モンジョ先生　そうですか。じゃあ、フミオ君はコメディドラマを観ないということですか？
フミオ君　うーん。そういうことになりますかね？
モンジョ先生　ええ。細かいところを再現しないという理由は、手間や時間がかかりすぎるから、というだけではありません。そもそも歴史ドラマは、観ている人の共感を得るために創ります。その意味では、歴史ドラマは現代ドラマなのです。

フミオ君　歴史ドラマは歴史を表現していない？

モンジョ先生　先に江戸時代の喋り言葉の話をしましたが、江戸時代の発音や方言を忠実に表現したのであれば、何を喋っているのか、わからなくなります。ＮＨＫの大河ドラマで『翔《と》ぶが如《ごと》く』（原作は司馬遼太郎『翔ぶが如く』〔文春文庫〕）を放映したことがありました。しかし、西郷隆盛《さいごうたかもり》や大久保利通《おおくぼとしみち》を演じる俳優の言葉が上手な薩摩弁で、観ている人には言葉が聞き取れず、理解できませんでした。そこで字幕をつけたのです。

フミオ君　それはやり過ぎですね。

モンジョ先生　でも、真面目にやろうとすれば、そうせざるを得ません。

フミオ君　ドラマは誰のために創るのかと言えば、観ている人のために創る。その理屈と時代考証の理屈とが矛盾を来たしている、ということですね？

モンジョ先生　そうです。

フミオ君　だから先生は、「歴史ドラマは現代ドラマである」と定義したわけか。

モンジョ先生　これはドラマの技術的側面です。これについては、実は様々な方面について指摘することができます。例えば、江戸時代初期の風俗と後期の風俗は、だいぶ異なります。これは、出光美術館所蔵の「江戸名所図屏風《えどめいしょずびょうぶ》」で、江戸時代初期の江戸の様子を描いたものです。もう一つは、ドイツのベルリン美術館所蔵の『熈代勝覧《きだいしょうらん》』という絵巻です。こちらは、江戸時代後期（文化2年［1805］）の江戸の様子を描いたものです（図）。さあ、どうですか？

フミオ君 確かに、同じ江戸時代とは思えませんね。髪型も衣服も建物も、まるで違う時代のようです。

モンジョ先生 「将軍のご意見番」として有名な大久保彦左衛門《おおくぼひこざえもん》は、江戸時代初期の人物です。彼をドラマで取り上げようとした場合、忠実な時代考証は無理かもしれません。忠実にしようとすれば、観ている人は何時代のドラマを観ているのか、わからなくなる可能性がありますから。たぶんわからないでしょう。

フミオ君 うーん。そうか。異なる時期の江戸を表現するために、カツラやセットを総入れ替えしなければならない。それは非現実的ですね。江戸を扱った歴史ドラマは、普通は、いつ頃の「江戸」を表現しているのでしょうか？

モンジョ先生 おそらく文化・文政期（1804〜1830）以降でしょうね。先に見た『熈代勝覧』の頃の江戸です。「化政《かせい》文化」という言葉を、歴史の授業で習ったと思います。

「江戸名所図屏風」（部分。出光美術館所蔵）

『熙代勝覧』（部分。ドイツ・ベルリン美術館所蔵）

「文化文政」の1文字ずつを取って「化政」で、19世紀前半です。その頃に成立した江戸独自の文化が、そのまま人びとが抱く江戸のイメージに当てはまると思います。しかし、さっきも話したように、江戸の歴史はそれだけではありません。江戸時代初期の江戸も、紛れもなく「江戸」の中の一つには違いありませんから。

フミオ君　そうすると、現代の我々の多くは、江戸時代後期の「江戸」を通してしか江戸の歴史を考えていない、ということになりますか？　そうすると、歴史ドラマは狭い世界の「江戸」ですね。話は変わりますが、よく考えてみれば、「平成時代」だって――100年後は、この世の中も平成時代と呼ばれることになるでしょう――、平成時代の初期と平成20年代とでは全く異なる社会です。

モンジョ先生　携帯電話が存在するとか、存在しないとか。100年後の子孫は、それがわかるくらいに「平成時代」を勉強してくれるでしょうか？

フミオ君　どうでしょうね。

❖ 歴史ドラマは、過去の価値観を表現できるか

モンジョ先生　さて、先ほど歴史ドラマにおいて技術的に表現し得ない事柄について指摘しましたが、その一方で、歴史ドラマにおいては、あえて表現していないと考えるべき事柄もあると思いますよ。例えば、歴史ドラマの中で、武家《ぶけ》の妻がお歯黒《はぐろ》をつけて出てくれば、観る人はどう感じるでしょう?

フミオ君　うーん。僕は気持ち悪いと感じます。お歯黒をしている女性に対して、気持ち悪いだなんて、申し訳ないのですが……。現実の世界で、今までにそんな女性を見たことがありません。これはコントロールできない感情なので、仕方がありません。

モンジョ先生　現代の日本において、お歯黒という風俗が生きていないから、フミオ君は気持ち悪いと感じてしまうわけです。私も、これは仕方がないと思います。だから、歴史ドラマでは、たとえ実在したものであったとしても、あるいは実在しなければならないものでも、あえて表現していない、ということがあるのです。歯を黒く塗るだけですから、

やろうと思えば表現できなくもないと思いますけれども、そこはわざと表現していません。それはそれで意味があるわけです。

フミオ君　ああ、そうか。そういうものも多そうですね。「表現できない」ということと、「あえて表現していない」ということは、両者、違う次元の問題ですね。言われてみれば、先生から教えて頂くまでは気がつきませんでした。

モンジョ先生　それに関連して、NHKの大河ドラマ『篤姫《あつひめ》』において、印象深かったシーンがあります。15代将軍の徳川慶喜《よしのぶ》が、慶応4年（1868）1月に京都南郊で起こった鳥羽《とば》・伏見《ふしみ》の戦いに負けたことによって、大坂城の家臣たちの目をすり抜け、軍艦に乗り込み、江戸城へ帰還します。すると、天璋院《てんしょういん》（篤姫。13代将軍家定《いえさだ》の妻）が「あなたも徳川家の家族です。生きてください」などと言うわけです。静寛院宮《せいかんいんのみや》（和宮《かずのみや》。14代将軍家茂《いえもち》の妻）も、それに同意するというシーンなのですが……。

フミオ君　史実としては、どうなのでしょう。

モンジョ先生　天璋院が書いた官軍宛ての手紙には——彼女の本当の考えはわかりませんが——、「(慶喜は)私の心底に応じ申さず」とあり、和宮が書いた官軍宛ての手紙には、はっきりと「慶喜一身は何様にも仰せ付られ」ようとも構わないから徳川家相続をお願いします、とあります。

フミオ君　それは慶喜が哀れだなあ。今にしてみれば、結果がわかっているから笑いごとで済みますけど。現代に当てはめれば「社長の命よりも会社のほうが大事」という発想でしょうか?

モンジョ先生　静寛院宮の手紙の内容は、明らかに慶喜の命を犠牲にしようという考えです。もっとも、静寛院宮自身も、はっきりとは表現していませんけれども、自殺をほのめかしています。

フミオ君　何だか慶喜に対して薄情のように思えます。

モンジョ先生　「薄情」と表現してよいかどうか……。そもそも「個人の命よりも家の相続のほうが大事である」という発想は、当時としては普通の観念だからです。当時の観念としては、慶喜自身が徳川家の相続を最優先に考えるべき立場の人間です。だから、慶喜の上方《かみがた》での「失敗」（鳥羽・伏見の戦い）は、天璋院や静寛院宮から責められて然るべきことだったのです。

フミオ君　「個人の命よりも家の相続のほうが大事」……この考え方は、現代人には馴染みません。そのまま歴史ドラマで表現したとしても、ドラマとしては成立しないな。

モンジョ先生　つまり、歴史ドラマで史実通りにこれを表現しようとすれば、観ている人が共感することができない、ということです。昔の価値観と今の価値観は異なりますから。これは宿命的な問題なのです。先ほど指摘したように、歴史ドラマは観ている人、つまり現代人に共感を求めるために創る、という宿命を負っていますから、それは時代考証とは決定的に矛盾しています。

フミオ君　「何でもかんでも史実通りにやればいいっていう問題じゃないでしょ！」ということですね。週刊誌などでは、大河ドラマの時代考証叩きをやっているけれども、あんまり意味がないわけですね。先生のご意見によれば。

モンジョ先生　そういうことです。

フミオ君　うーん。なるほど。最後に、先生。時代考証をしていて、歴史研究者としてどこまで脚本に踏み込むべきか、悩むことはありませんか？　先生は「歴史ドラマは現代ドラマである」とまで言い切っています。その一方で、「これは歴史にはなかっただろう」と思われる状況設定をしている脚本だってあるはずです。そういう場合、先生はどのように対応しますか？

モンジョ先生　鋭い質問ですね。それは、先ほど述べた「基本的な史実」ということがありますから、それはちゃんと指摘します。脚本家から「あえてそうしているのだ」と返答されれば何とも言えません。「それはあなたの仕事じゃない」と門前払いを食っているわけです。どこまで時代考証として踏み込んでいいのか難しい問題ですが、歴史研究者は脚本家ではありませんから、仕事の性格上、ある程度のところで足踏みせざるを得ないのではないでしょうか。だから、その仕事で何か言いたいことがあるのなら、歴史学者としての自分の想いを、時代考証が済んだあとに、「本当はこうなのだ」と、文章にして発表するしかない、と思っています。つまり、時代考証で歴史叙述をすることには限界があるのではないか、ということが結論です。どうですか？　フミオ君はさっき、私のことを不真面目だなんて言っていたけど……。

フミオ君　それは失礼しました。今、ちょっぴり、先生は真面目だと思いました。

❖ 時代考証の積極的意味

フミオ君　それでは、歴史ドラマにおいて時代考証は邪魔だ、ということでしょうか？

制作者サイドからすれば、観ている人が文句を言うから仕方なくやりましょう、という程度のことなのでしょうか？　特に、NHKの大河ドラマでは時代考証をしますが、民放の歴史ドラマではさほど時代考証をやっていません。民放のほうは時代考証を諦めていて、観ている人もそれを了解しているから、そもそも文句を言ってこない、という事情があるのではないでしょうか？

モンジョ先生　NHKと民放の違いは、フミオ君の言う通りかもしれませんね。NHKの歴史ドラマは、観ている人も真面目に観るから、時代考証はそれなりにやりましょう、ということなのでしょう。しかし、その場合に「邪魔」と言われると、ちょっと寂しい気持ちがしますね。史実を上手に話の筋書きに盛り込めるかは、制作者サイドの問題意識によると思います。私はそうあるべきだと思っています。「歴史ドラマは現代ドラマである」と指摘しましたが、わざわざ過去の時代に舞台を設定している意味も、やはりあるにはあります。例えば、江戸時代の日本は身分制社会ですから、身分格差の非情さは、サラリーマン社会の比ではありません。社会の不条理さを描くには、いい舞台装置だと思いますよ。

フミオ君　藤沢周平《ふじさわしゅうへい》さんの時代小説のモチーフが、まさにそうですね。普通の藩士が家老からとんでもない命令を下されて……。僕には、軍隊社会やサラリーマン社会の悲哀が込められているように思えます。

モンジョ先生　さらに、時代考証は本物らしさを伝えることができる小道具としても使えますよ。

フミオ君　どのようなことでしょうか？

モンジョ先生　本物のように、くずし字で書かれている手紙を作りました。私はくずし字を読むことが専門で、くずし字を書くことはできません。だから、専門の方に書いてもらいます。私が下書きを作ります。くずし字で書かれた手紙のように〝それらしいもの〟が画面に出れば、観ている人は、内容を理解できないにしても、とりあえずは感心するわけです。

フミオ君　それが本物らしさなのですね。

モンジョ先生　歴史ドラマがフィクションであることくらいは、観ている人も理解しています。しかし、本物らしい場面に何度か遭遇していると、我に返る時間がなくて、ずっとその画面に没頭してしまいます。心はすっかり江戸時代に行っています。

フミオ君　僕は、カツラの生え際の線を見つけた時には、我に返りますけどね。それは仕方がないのかな？　そのようなアラを少しずつ潰していく作業は、観ている人を画面に没頭させるためには必要な仕掛けですね。それが時代考証の役割ですね。

モンジョ先生　帯解祝《おびときいわい》・袴着《はかまぎ》などの人生儀礼を出すこともあります。あるいは、手紙にわざと花押《かおう》（昔の人のサイン）を出したりすることもします。

フミオ君　フィクションの人物であれば、花押はありませんね。その場合は、誰の花押を使うのでしょうか？

モンジョ先生　それらしい花押を作るしかありません。私自身の花押を映画で使ったこともあります。助監督さんがオッケーを出したので、そのまま使わせて頂きました。

フミオ君　時代考証として使うか使わないか、微妙な例はありますか？

モンジョ先生　「藩《はん》」という言葉などは、そうですね。江戸時代には、藩という言葉はあまり使われていなかった、と言われています。正式に使われるようになる時期は、明治維新後です。しかし実際には、幕府の公文書に「藩」という言葉が出てこないわけでもなく、幕末の志士の手紙などにも「藩」という言葉が頻出します。だから、使われないこともない言葉です。私は、使ってもよいという判断をします。

フミオ君　僕は、「藩」という言葉が出てこないと、ちょっと気持ち悪いと感じます。

モンジョ先生　フミオ君のような人も、歴史ドラマを観ている人の中には多いので、過剰な言葉狩りをすることもできないのです。

フミオ君　さっき先生が指摘してくれたように、歴史ドラマは「現代人に共感を求めるために創る」からですね。

③ 歴史小説と歴史学

❖ 歴史小説を読んで勉強になるか

フミオ君　歴史ドラマについては教えて頂きましたから、今度は歴史小説について教えて頂きたいと思いますが、どうでしょうか？

モンジョ先生　いいですよ。

フミオ君　僕は今、歴史小説で歴史を勉強しています。読みやすくていいですよね。でも、大学の史学科に入学したのだから、やっぱり、ちゃんとした研究書や論文も読まなければならないのかなあ、と思っています。

モンジョ先生　私が大学の史学科に入学した時（１９９０年代初め）は、確かに教員からそのようなことを言われていた気がしますね。でも、今の学生さんたちは、歴史小説すら読みませんから、フミオ君のような学生は、むしろ熱心な学生に属するのではないか、と思います。だから、それでいいと思いますよ。

フミオ君　ありがとうございます。

モンジョ先生　ちょっと話がずれます。これは私の主観かもしれませんが、昔の学生、つまり20年前の学生と今の学生とでは全く気質が異なる、という印象があります。昔の学生には、自分が熱中していることを正直に他人に伝えるという文化がありませんでしたから、そういう人は（マイナス・イメージで）「オタク」と言われました。そういうことは恥ずかしくて、あまり他人に伝えることではなかった、と思います。勉強のよくできる人は、一概に勉強自体を好きになるとも限らず、要領よく勉強して、よく遊ぶ、というタイプの学生が少なくなかった（遊ぶためのサークルを「遊び系サークル」と言います）。しかし、今の学生は、そのあたりはアッケラカンとしていて、「新撰組が好き」「戦国武将が好き」などと、正直に他人に伝えます。これは羨ましい文化だな、と思います。

フミオ君　「オタク」という言葉のイメージも、随分変わったのではないですか。

モンジョ先生　ええ。だから、最近は「たまたま歴史の点数がよかったから史学科に入りました」という学生以外に、「漫画・小説・ゲームなどのサブ・カルチャーへの興味から史学科に入りました」という学生も少なくないと思います。大学教員の側でも、そこはしっかりと押さえておく必要があると思います。

フミオ君　でも、歴史小説を読んでいて勉強になるのでしょうか？

モンジョ先生　なりますね。あくまでフィクションとして接していれば、それでよいのではないでしょうか。前に、歴史ドラマの話題が出ました。しかし、歴史ドラマさえも、最近では放映数が少なくなってしまい、あえて時代考証を無視するファンタジックな「歴史ドラマ」も登場するようになりました。だから、歴史小説であっても、それなりに「勉強になる」時代になった、と考えるべきではないでしょうか。もちろん、間違いも少なくありませんが、読まないよりはマシだと思います。

フミオ君　僕には、「昔」というのがよくわかりません。うまくイメージができません。

モンジョ先生　昭和58年（1983）の、NHK連続テレビ小説に『おしん』というドラマがありましたが、ご存じでしょうか？（若い人でも、案外これをよくご存じです。再放送で観たのでしょう）。私が小学生の頃の放映です。私の曾祖母が明治30年（1897）生まれでしたから、主人公の女性とほぼ同世代です。

フミオ君　明治の老人と言われても、僕らにはわかりません。昭和生まれのご老人ですら、周囲にいません。核家族化で……。

モンジョ先生　そうですね。「昔」に接する数少ない機会ですから、フィクションだと理解した上で、楽しまれるとよいと思います。ただ、私の意見では、明治・大正生まれの作家の作品に親しむことをお薦めします。吉川《よしかわ》英治《えいじ》（1892〜1962）、山本《やまもと》周《しゅう》五《ご》郎《ろう》（1903〜1967）、司《し》馬《ば》遼《りょう》太《た》郎《ろう》（1923〜1996）あたりでしょうか。昭和の生まれですが、吉村《よしむら》昭《あきら》（1927〜2006）や藤沢《ふじさわ》周《しゅう》平《へい》（1927〜1997）あたりもです。彼らの作品を読めば、「よく出来ている」とお感じになると思います。大名の名前一つでも頭に入ったならば、儲けものでは？

フミオ君　先生ご自身は、どの程度歴史小説を読まれていますか？

モンジョ先生　私は、先ほど挙げた小説家の本は相当読んでいます。小説家になりたかったくらいですから……。研究者としては珍しいかもしれませんが。

フミオ君　へえ。今度は、先生の歴史小説論を聞いてみたいです。

❖司馬遼太郎とはどのような作家か

モンジョ先生　そういえば、フミオ君は歴史小説の何を読みましたか？

フミオ君　司馬遼太郎の作品です。

モンジョ先生　私も司馬作品はだいぶ読みましたよ。200冊以上は読みました。人生の先が見え始めた35歳頃から、藤沢周平の作品が好きになりましたけど……。

フミオ君　その気持ち、何となくわかるような気がします。

モンジョ先生　歴史小説と言っても、様々な作品があります。だから、ここでは読者の最も多い司馬作品を主に取り上げましょう。

フミオ君　賛成です！　亡くなってから随分経ちましたが、いまだに解説本が出版されています。異例中の異例だと思います。そんな作家は、ほかにいないんじゃないですか？　松本清張《まつもとせいちょう》くらいでしょうか？

モンジョ先生　司馬作品を読んで、フミオ君はどのように感じましたか？

フミオ君　登場人物がどんどん出世していく、というパターンが多いかも。それから、司馬遼太郎って何でもよく知っていそうな人ですね。文章表現が上手で、思わず納得してしまいます。

モンジョ先生　司馬遼太郎は、本名福田定一。大正12年（1923）、大阪市の生まれ。産経新聞の記者を経て、作家生活に入ります。昭和35年（1960）に『梟《ふくろう》の城《しろ》』で直木賞を受賞。書いている作品は幅広くて、小説・評論・エッセイ・紀行文・対談……、あとは、あまり知られていませんが戯曲《ぎきょく》も少し書いています。作品の種類が多く、その上、若年層にも老年層にも、（政治的に）「右寄り」（保守）の立場の人にも「左寄り」（革新）の立場の人にも支持されています。このように、作品の種類の多さ、支持層の広さという点では「国民作家」と言ってよいでしょう。

フミオ君　しかし、その「国民作家」と呼ぶべき作家は、司馬遼太郎だけじゃありませんよね？　ほかにもいると思いますが、司馬作品の特別なところって、どのようなところなのでしょうか？

モンジョ先生　余談が多いところ？

フミオ君　確かに多いですね。「余談だが……」。こんな執筆スタイルは、あまりないかもしれません。

モンジョ先生　私は、司馬作品は「史論的小説」と表現できる、と思います。つまり、小説なのに歴史学風の解説を加えているところです。小説の中に、ニョキッと頻繁に作者の顔が出てきます。これは彼独自の文体です。これは、フミオ君の言うように、ほかの作家にはない特徴だと思います。だから「読むと勉強した気分になる」作品です。これは、読者の側からすればお得感があります。うるさい講釈が入る、と感じる人もいるかもしれませんが……。

フミオ君　それはどうしてなのでしょうか？

モンジョ先生　ちょうど司馬遼太郎が直木賞を受賞した頃、高等教育進学率、つまり大学・短大進学率が15％を超えるのです（昭和38年）。それ以降、高等教育がエリート教育からマス教育へと変化します。都市のサラリーマンも、もはやエリートではなく、だいぶ大衆化します（竹内洋『教養主義の没落』［中公新書］）。そのため、「大衆的な教養」を欲する層が増えたのかもしれません。

フミオ君　従来の「教養」、つまり哲学書を読んだりするのではなくて……。

モンジョ先生　そうですね。それからフミオ君が指摘するように、作品に「登場人物がどんどん出世していく、というパターンが多い」のは、もちろん、高度経済成長期における立身出世的サラリーマン・マインドへの適合を意識したのではないでしょうか。

フミオ君　その意味では、高度経済成長期の大衆文学の一つ、ということですね。しかし、今でも読み継がれています。

モンジョ先生　フミオ君みたいな若い人にもね。

❖司馬遼太郎の書いたこと

フミオ君　司馬遼太郎は、小説家というよりも知識人という感じがします。

モンジョ先生　そうですね。本人の博学もさることながら、中公文庫のシリーズに学者たちとの対談が多数収められています。この対談というところがミソで、世間に与える印象という点では馬鹿にならない、と思います。当時の中央公論社の編集方針ということなのでしょう。これらのことも、司馬遼太郎を知識人という格へと押し上げた大きなちからとなったのではないでしょうか。

フミオ君　多数の作品群の中に、傾向というのはあるのでしょうか？　細かく見れば多彩でしょうけれども。

モンジョ先生　司馬遼太郎は、アジア太平洋戦争時、中国大陸に出征しています。その後、内地に移り、栃木県の佐野で終戦を迎えています。彼は本格的な戦闘には参加していませんが、彼自身の言によれば、やはり戦争期における様々なショッキングな体験が、彼の執筆の原動力となりました。昭和の戦争期の日本を相対化するために、それ以前の日本の歴史を研究し始めたのです。つまり、昭和の戦争期の日本は本来の日本ではない、と言うのです。そのことについて、歴史学者の中村政則《なかむらまさのり》氏は「作家にしても、学者にしても後知恵で、えてしてそういうことを書くものなのである」と言っていますが（中村政則『坂の上の雲』と司馬史観』〔岩波書店〕）、諸作品をよく吟味してみると、やはり昭和の軍部に対する嫌悪感を表明した記述は、確かに多いのです。

フミオ君　なぜこんな馬鹿な戦争をしてしまったのか、と繰り返し言っていますね。

モンジョ先生　それから、産経新聞の記者としての取材の経験上、戦後左翼運動の空疎《くうそ》さにも辟易《へきえき》し、「昭和初期の政治的軍人とそっくり」と批判しています（司馬遼太郎『歴史と視点』〔新潮文庫〕）。

フミオ君　司馬遼太郎が大切にしていたことは、どのようなことなのでしょうか？

モンジョ先生　司馬遼太郎は、「リアリズム」という言葉を好んでよく使います。そして、現実分析を欠いた空疎で観念的な思想を嫌悪します。そのことがよくわかる、彼の一文があります。

反戦とか非戦とかという裏返しの旧軍人じみた感情コトバを題目のように唱えることでなく、日本というこの自然地理的もしくは政治地理的環境をもった国は、たとえば戦争というものをやろうとしてもできっこないのだという平凡な認識を冷静に国民常識としてひろめてゆくほうが大事なように思えるのだが、どうだろうか。

（司馬遼太郎『歴史と視点』［新潮文庫］）

フミオ君　なるほど。その「平凡な認識」という言葉の意味は「長い長い海岸線を持つこの日本では、対外戦争なんてできっこないよな。そんなもの、子供にだってわかるぜ。題目だけでは、世の中は動かないよ」ということですね。

モンジョ先生　その「平凡な認識」は、政治的立場とは無関係ですから、昭和の軍部も戦後の左翼運動も同時に批判するわけです。そこが、「右寄り」にも「左寄り」にも親しまれる要因なのでしょう。司馬遼太郎の言う、「題目」ばかり唱えていた昭和の戦争期の日本を批判するために、「リアリズム」に満ちた明治期などの日本を持ち上げる、というわけです。まさに、これが本来の日本である、と。

フミオ君　それで、『竜馬《りょうま》がゆく』（全8巻。文春文庫）や『国盗《くにと》り物語《ものがたり》』（全4巻。新潮文庫）などを書くわけですね。リアリズムに基づいて国を作ろうとした人びと、あるいは、戦争に勝つためにリアリズムに徹した戦国武将などが登場します。

しかし、どうなのでしょう。司馬遼太郎を批判するわけじゃありませんが、そんなにキレイに分かれますか？　時間は繋がっているのだから、明治の国家の結果が昭和の国家であった、とも言えませんか？　だとすれば、明治の国家をそんなに褒めていいのかどうか……。

モンジョ先生　ええ。実はそのような考え方も有力です。司馬遼太郎は、『坂《さか》の上《うえ》の雲《くも》』（全8巻。文春文庫）で描いた日露戦争のあとに日本はおかしくなった、と言っています（『「昭和」という国家』［NHKブックス］）。でも、日露戦争に参加した人びとが、そのあとも国を指導するのです。

フミオ君　なるほど。

モンジョ先生　それから、マルクス主義歴史学には、講座派《こうざは》という立場の人びとがいました。その講座派によれば、「日本の明治維新というものは、為政者の質が変化せず集団が入れ替わっただけである、とても『革命』と呼べるしろものではない、『変革』程度のものだ」と明治維新を低く評価します。その講座派の歴史学者井上清《いのうえきよし》と司馬遼太郎は、実は、中央公論社版『日本の歴史』の「月報」で対談しているのです。

フミオ君　対立は必至でしょうね。

モンジョ先生　ええ。実際に対談であるのに、両人の意見が対立してしまいました。『日本の歴史別巻　対談・総索引』（中公文庫）に再録されていますから、ぜひご覧ください。

フミオ君　そういう司馬遼太郎の楽しみ方もあるんですね。司馬遼太郎を立体的に理解することができます。

❖ 司馬遼太郎の書かなかったこと①

フミオ君　とはいえ、司馬遼太郎はすごい作家だな、と思います。何でも知っているように思えちゃうから。誰もが褒めちぎっていますね。

モンジョ先生　褒める本ばかりではなく、批判をしている本もちゃんとあります。ただし、褒めるにせよ批判するにせよ、どちらかに偏っては、司馬遼太郎という作家の輪郭線が描けず、正当な評価はできないでしょう。それには、彼がどのような作家なのかを冷静に分析する必要があると思います。

フミオ君　すると、司馬遼太郎が書かなかったことというのは、どのようなことなのでしょうか？　いくら博学であっても、先生がご指摘のように、彼にはある一定の歴史観があります。だから、何でもかんでも書いているわけではありませんよね？

モンジョ先生　例えば、さっき話した『坂の上の雲』という有名な作品があります。

フミオ君　長い作品なので、僕はまだ読んでいません。NHKのドラマになりましたね？

モンジョ先生　司馬遼太郎は生前、この作品の映像化を許可していませんでした。軍国主義を煽《あお》るような作品、と誤解されるのが嫌だったようです。その事情を書き記した彼の手紙も残っています。しかし、遺族の許可によって映像化が決まりました。

『坂の上の雲』は、秋山好古《あきやまよしふる》（陸軍）・真之《さねゆき》（海軍）の兄弟を中心に、日露戦争を勝ち抜く日本人の群像を描いた作品です。ここで描かれている日本人は、現実に基づかない空疎な観念を持った昭和の軍部とは全く正反対の、リアリズムに徹した人びとでした。もちろん、これは昭和の戦争期の日本を批判した書だと見なすこともできます。彼は、これを自分に対する義務として執筆したのだそうです。

フミオ君　ドラマは格好よかったですよ。でも、先生の今のお話だと、司馬遼太郎の意図がちゃんと伝わったドラマであったかどうかは疑問です。

モンジョ先生　私もそのように感じました。ただし、そのような『坂の上の雲』でも、やはり首を捻《ひね》らざるを得ない部分があります。部分的な内容の検討は別として（内容については、研究者から複数の疑義が提出されています）、ここではちょっと大きな話をしたいと思います。例えば、司馬遼太郎の弱者観です。

フミオ君　弱者……『坂の上の雲』には弱者が出てこない、ということですか？

モンジョ先生　『坂の上の雲』には、いきなり軍艦や大砲が出てきますが、それらはどうして存在しているのでしょうか？

フミオ君　日本で造ったり外国から買ったりしたからではないでしょうか？

モンジョ先生　当時の日本は、軍備を整えるために外貨を稼ぐ必要がありました。明治31年〜33年（1898〜1900）における日本の輸出入の平均値を見ると、生糸《きいと》・羽二重《はぶたえ》の輸出額合計は約6500万円で、軍艦・兵器・機械・鉄・石油・汽船の輸入額合計は約7200万円でした（中村政則『労働者と農民』［小学館］）。そのため「生糸で軍艦を買う」とさえ言われました。無から有は生まれません。軍艦や大砲が存在する理由を考えることも、まさに司馬遼太郎が大事にしたはずのリアリズムでしょう。しかし、『坂の上の雲』では、女工《じょこう》さんたちの苦労話などは少しも出てこないのです。彼は、明治時代を「楽天主義《オプティミズム》」の時代だと規定していますが、それでは、近代社会の底辺で暮らしていた労働者たちの立場がありません。

フミオ君　うーん。司馬遼太郎への批判でよくある説が、英雄が歴史を創るという「英雄史観」じゃないか、というものですね。その程度なら僕も知っています。

モンジョ先生　もちろん、『坂の上の雲』の「あとがき一」では「庶民は重税にあえぎ、国権はあくまで重く民権はあくまで軽く、足尾の鉱毒事件があり女工哀史があり小作争議がありで、そのような被害意識のなかからみればこれほど暗い時代はないであろう」とも書いています。しかし、それは「ただし書き」の位置づけに過ぎません。

フミオ君　『坂の上の雲』という題名の意味は、何でしたか？「坂の上の雲を目指して、若者たちが一途に登っていく」という意味が込められているのでしたね。考えてみれば、女工さんたちは、その「坂の上の雲」を登ろうと考える人たちではありませんね。女工さんたちを登場させていたら、小説の趣旨が混乱したのではないでしょうか？

モンジョ先生　女工さんたちがいないと、そもそも軍艦も大砲も存在しないのであれば、『坂の上の雲』のみを読んで明治時代のイメージを作るのは危険でしょう。「弱者がいた」ということと「弱者もいた」ということとは違います。

フミオ君　司馬遼太郎の小説は、「弱者もいた史観」じゃないか、ということですか？英雄史観というものは、そこから批判されるべきなのですね。

モンジョ先生　小説のあり方は多様ですが、小説は人に読ませるためのものですから、ある程度、筋書きを単純化する傾向が強いと思います。小説の宿命ですね。

フミオ君　あれ？　それとよく似たことは、さっきの「歴史ドラマと歴史学」の中でも議論しました。「歴史ドラマは、観ている人、つまり現代人に共感を求めるために創る、という宿命を負」う、と。その意味では、小説にしても歴史ドラマにしても、限界があるということでしょうか。

モンジョ先生　あえて言い添えておきますが、小説を馬鹿にしているわけではありませんよ。小説は、小説以上のものでもなければ以下のものでもありません。ただそれだけです。

❖司馬遼太郎の書かなかったこと②

フミオ君　作家を褒めるわけでもなく批判するわけでもなく、ということですから、この話題は面白いですね。もっと続けたいのですが、どうでしょうか？

モンジョ先生　いいですよ。

フミオ君　司馬遼太郎が書かなかったことは、ほかにもありますか？

モンジョ先生　あまり指摘されていませんが、自然は描きませんね。吉村昭のように、流行病・津波・地震・漂流など、自然に翻弄《ほんろう》される人間を描くという手法ではありません。

フミオ君　なるほど。言われてみれば確かにそうだ。司馬遼太郎は、人間を描こうとしていたからでしょうね。

モンジョ先生　それから、史実の確定がなおざりになっていると思います。司馬遼太郎の引用した逸話も、史料出典が不明であることがあります。あれだけ多くの文章を書いていますから、調べ尽くすことができなかったり、記憶が曖昧《あいまい》であったりするのでしょう。特に、アシスタントをお使いになっていたこともなかったようですから。歴史学者のように、史実確定の過程などは書きません。小説家ですから当然です。

フミオ君　締め切りに追われることは辛いことですか？

モンジョ先生　司馬遼太郎も、そのようなことを書いていますね。連載が多いと時間との競争です。じっくり調べる時間はおそらくないと思います。博学の彼も人間です。

フミオ君　例えば、司馬遼太郎は古文書（ナマの史料、くずし字で書かれたもの）が読めたのでしょうか？

モンジョ先生　よくわかりませんが、読めなかったか、読む習慣がなかったのではないかと思います。坂本龍馬の筆跡について触れているエッセイもあり、ほかにも、古文書学的な知識がありそうな記述もありますが、実際はどの程度読めたのか、よくわかりません。例えば、幕末の京都見廻組《みまわりぐみ》に、佐々木唯《ささきただ》(只)三郎《さぶろう》という人がいます。この人の役職名について「組頭として通用していたが、実際の職名は与頭《よがしら》といったらしい」と解説しています(司馬遼太郎『歴史と視点』[新潮文庫])。しかし、「与」の字は「くみ」とも読み、「組」の宛て字です(例えば、「与する」は「くみする」です。「味方する」の意)。古文書を読む習慣があれば、このような間違いはしなかったろう、と思います。

フミオ君　では、司馬遼太郎はどのような手段で研究していたのでしょうか?

モンジョ先生　私は、司馬遼太郎を研究しているわけではないのでよくわかりませんが、本を読むスピードが速かったらしいのです。明治時代になると、幕末に活躍した人物の伝記や史料集の類いが数多く出版されました。そこに出てくるエピソードを繋げて小説にしているのではないでしょうか。これだけでも量が膨大《ぼうだい》ですから、それはそれで大変な作業です。エピソードを繋げるセンスも要求されます。古文書といっても、彼が追っていたのは、もっぱら活字化された古文書でしょう。

フミオ君　くずし字の古文書まで追っている時間はない、と。

モンジョ先生　司馬遼太郎が現役で執筆していた当時は、現在のように文書館が充分に発達している時期でもなく、研究が進んでいるわけでもありませんでした。小説ごとに何人かアドバイザーのような方がいて、編集者も協力することがあったかもしれませんが、そのような環境下で、さぞご苦労なさったことと思います。ただし、書籍になっている伝記や史料集は、歴史上のいわゆる「偉人」のものばかりですから。

フミオ君　勢い「英雄史観」になる。

モンジョ先生　そうだと思います。読む史資料の性格がその人の歴史観を規定する、という側面はあると思います。ただし、吉村昭のように東京大学史料編纂所へ通って古文書を読む作家もいる、ということは言い添えておきたいですね。吉村昭は「自分は司馬遼太郎とは違う」と思っていたのではないでしょうか。ちなみに、吉村昭は司馬遼太郎賞受賞を辞退しています。

フミオ君　ここまで、司馬遼太郎が「書かなかったこと」の話を聞いてきました。それ以外に、彼が「書けなかったこと」はないのでしょうか？

モンジョ先生　昭和14年（1939）に発生したノモンハン事件を扱った小説については「書きたい」という意志があったようです。ノモンハン事件は、その規模の大きさから、事件というよりも「戦争」と呼ぶべきで、満州とモンゴルとの国境付近で日本軍（関東軍）

とソ連軍が激突し、日本軍が大敗を喫した「戦争」でした。結局、司馬はノモンハン事件の小説を書けずに終わりました。しかし、実際にノモンハン事件の関係者に取材をしていて、取材ノートも残っています。

フミオ君 なぜ書けなかったのでしょうか？

モンジョ先生 司馬作品は、前にフミオ君が指摘したように、「登場人物がどんどん出世していく、というパターン」が多いわけです。もし、ノモンハン事件のように、昭和時代の政治的・軍事的失敗を題材とすれば、今までの司馬作品のモチーフとは大きく異なる作品とならざるを得ません。これが司馬遼太郎の心理を暗くさせた、と言われています。それから、ノモンハン事件の生き残りである須見さんという方をモデルにした主人公を予定していました。しかし、その須見さんと仲違いをしてしまいました。

フミオ君 温厚そうな司馬遼太郎でも、そのような失敗があるのですか？

モンジョ先生 司馬遼太郎は『文藝春秋』（昭和50年［1975］正月号）誌上で瀬島龍《せじまりゅう》三《ぞう》と対談したのです。瀬島龍三はアジア太平洋戦争時、大本営《だいほんえい》の作戦参謀だった人で、毀誉褒貶《きよほうへん》のある人です。それを読んだ須見さんが「瀬島と仲良く話しているとはけしからん」と怒って、司馬に絶縁状を送付したのだそうです（半藤一利『昭和史』［平凡社ライブラリー］、同『清張さんと司馬さん』〔文春文庫〕)。これで事実上、ノモンハン事件を書くことはできなくなりました。

フミオ君　じゃあ、どうすればよかったのでしょうか？　その対談がどのようなものだったのかわかりませんが、一般的に、対談はお互いに仲良く話さないと、成立しにくいと思います。

モンジョ先生　例えば、歴史学は過去を扱う学問です。「過去」と言えば、たった一時間前の過去であっても、過去は過去には違いありません。しかし、それは歴史学で扱える過去ではありません。「時間が熟する」ということも必要なのではないでしょうか。当事者が生存中の場合は、まだ時間が「終了」していないのです。ノモンハン事件は、生存者にとって〝今〟そのものなのです。

❖ フィクションの中に混ざる史実

フミオ君　フィクションと史実の関係については、どうでしょうか？　これは歴史小説一般について言えることなのですが、特に司馬作品の場合は、読んでいて、どの部分がフィクションでどの部分が史実か、素人の僕には全くわかりません。歴史研究者の場合は、おわかりになるのでしょうか？

モンジョ先生　司馬遼太郎の小説は、フィクションと史実を織り交ぜています。もちろん、これは司馬以外の小説家もやっていることです。しかし、さっきも指摘したように、司馬作品は「史論的小説」が多いということもあって、ほかの作家に比べて、史実をかなり調べている作品が多々あります。その上で、極めて巧妙なフィクションを挿入します。こうすると、どうなるかと言えば、フィクションと史実の境目がよくわからなくなります。この境目は、歴史研究者が検討してもわかりづらいのです。この小説家の書いていることは史実なのか、歴史研究者が懸命に調べてみたところ、それはフィクションだった、なんてこともよくあります。

フミオ君　小説家がフィクションを書くことについては、どこまで許されるのでしょうか？

モンジョ先生　いや、許されるも許されないも、どのような小説を書こうと、全く個人の自由です。

フミオ君　歴史研究者は困るのではないですか？

モンジョ先生　いや、もう「講釈師、見てきたような嘘をつき」なんていう言葉もあるくらいですからね。小説家や講釈師は「嘘をつく」（フィクションを創る）ことこそが仕事ですから、文句の言える筋合いではありませんし、そもそも彼らにも表現の自由があります。

フミオ君　歴史研究者が小説の内容を吟味して、どの部分がフィクションで、どの部分が史実か、細かく〝解剖〟して調べたことがあるのでしょうか？

モンジョ先生　ありますよ。前にもご紹介した中村政則氏が「司馬文学と歴史学――『峠』を中心に（上）」（『神奈川大学評論』28号）・「司馬文学と歴史学――『峠』を中心に（下）」（『神奈川大学評論』29号）という論文を書いています。まさにフミオ君が言ったようなことをやっています。

フミオ君　司馬遼太郎の『峠《とうげ》』（全3巻。新潮文庫）を検討したわけですね。これは僕も読んだことがあります。戊辰《ぼしん》戦争で官軍と戦って死んだ河井継之助《かわいつぎのすけ》という越後長岡藩の家老を主人公にした小説ですね。

モンジョ先生　中村氏自身も「好きな作品」と言っています。

フミオ君　じゃあ、その論文の中で司馬作品を褒めちぎっているんですか？

モンジョ先生　いえいえ。多くの場合、それでは論文になりません。何か問題があるからこそ、論文にしているわけですよね。様々な箇所を検討していますが、例えば、河井継之助と福澤諭吉《ふくざわゆきち》が会話をしている場面があります。小説の設定としては、慶応4年（1868。9月8日に明治と改元）、江戸城内で、福地源一郎《ふくちげんいちろう》に紹介されて両者が会っています。この会話を読んで、石川武氏（当時、三井海上火災保険会長）が、「変革期のドラマに心躍らせる」という文章を書いているのだそうです。

フミオ君　それで、その会話の内容は史実なのですか？

モンジョ先生　中村氏は、いろいろと調べています。『福澤諭吉全集』や福地源一郎『懐往事談《かいおうじだん》』を読み、慶應義塾福澤研究センターに問い合わせて、結果、「継之助が諭吉に会う可能性はゼロである」という結論に至りました。つまり、ここで留意して欲しいのは、フィクションと史実の分析は歴史研究者でも難しいのだ、ということです。中村氏は、石川武氏のことについて、次のように書いています。

だが、これが司馬遼太郎の完全な創作だったということを知ったら、石川氏はどう思うだろうか。所詮、小説は歴史と違うのだから、面白ければいいのだといって満足するか、一杯食わされたといって、歴史小説のあやうさに憤慨するかであろう。私の判断では、司馬は歴史小説家としてわきまえるべきところを超えている。

（中村政則「司馬文学と歴史学――『峠』を中心に（上）」『神奈川大学評論』28号）

と論断しています。

フミオ君　僕は中村先生の気持ちがよくわかるな。確かに頭にきますよね。結局、フィクションだったのか……って。ぞっこんになった反動で、裏切られたという気持ちになりますよ。

モンジョ先生　ええ。私も気持ちはわかります。ほかにも、新撰組副長の土方歳三《ひじかたとしぞう》を主人公にした『燃《も》えよ剣《けん》』（全2巻。新潮文庫）でも、土方の恋人として、お雪という架空の人物が登場します。彼女についての経歴の記述が詳しくて「大垣藩の江戸定府で御徒士《おかち》をつとめていた加田進次郎という者の妻女であるという。（略）お雪、画才があり、のちに紅霞《こうか》という号で多少の作品を、京、東京に残している。（略）京にのぼったのは、京の絵師吉田良道《ながみち》について四条円山派《まるやまは》の絵を学ぶためであった」とあります。妙にディテールが凝っていて真に迫っていますが、あくまでも架空の人物です。ただし、先に言ったように、私はあくまで「講釈師、見てきたような嘘をつき」なのだ、と思います。この点は、中村氏とは意見の異なるところですが。

フミオ君　じゃあ、先生としては、小説を鵜呑みにする読者が悪い、というお考えでしょうか？

モンジョ先生　はい。司馬遼太郎問題は「小説家問題」ではなく「読者問題」でしょう。巧いフィクションを創ってこその小説家ですから、そこを責められても、司馬遼太郎は困るのではないかと思います。それが彼の仕事なのですね。

フミオ君　えっ。でも先生は、さっき「小説は勉強になる」というようなことを仰いましたが？

モンジョ先生　いやいや、「読まないよりはマシ」とも言いましたし、「フィ、ク、ショ、ン、だ、と理解した上で、楽しまれるとよい」という「ただし書き」も付けておいたはずですよ。何事も、冷静な態度が必要だと思います。「大名の名前一つでも頭に入ったならば、儲けものでは？」とも言いましたが、楽しんで読むと様々なことが記憶に入りますから、そのような場として使えばよいでしょう。小説に、小説以上のものを求めるから問題になるのです。小説だけを読んで全てわかったような気分になる、というのはいけないことです。なるべく多様な種類の書籍に接して、できれば、歴史研究者の書いた書籍も（平易に書かれたものもありますから）併読することをお勧めします。

フミオ君　要は「偏った読書をするな、小説を楽しむのは悪くないけど」ということですね。

④ 「江戸」幻想

❖遥かなり江戸時代

モンジョ先生　ここからは、私たちの身の回りに落ちている歴史に関する諸問題について雑談してみましょうか。私の専門が江戸時代ですから、江戸時代の話に絞らせてください。もちろん、ほかにも近い時代では、アジア太平洋戦争などの昭和時代、大正時代、明治時代があって、いまだに政治の問題などに深い影を落としているように、それぞれに重要です。ただ、ここではちょっと、巨視的に日本史を眺めてみるために、江戸時代を考えましょう。日本文化の淵源《えんげん》は、江戸時代に遡ることが多いとされています。明治時代の歴史学者内藤湖南《ないとうこなん》は、日本史は応仁の乱以降で充分だ、なんて言っています。過激な言い方で、一概にそんなこともないと思いますが、言わんとする気持ちはわかります。

フミオ君　そもそも江戸時代って、どういう時代だったのでしょうか？　教科書では「政治的には身分制社会であって、武士身分の者が上に立ち、幕府や藩という組織によって全国を支配している。そして対外的には『鎖国』（海禁政策、幕府による貿易独占）である」というようなことを習います。社会のレベル、日常生活のレベルでは、どのような時代だったのか。それらについては、江戸時代に関する解説書はたくさんありますから、僕もそれらを読んでこれから勉強してみるとして、ここでは特に、現代と江戸時代との繋がりとか、断絶とか、そのようなことを中心に教えて頂ければと思います。

先生は今、江戸時代の研究をしていますが、なぜ研究対象として江戸時代を選んだのでしょうか？

モンジョ先生　大学生の時に、たまたま地方文書《じかたもんじょ》の調査に参加したことが直接のきっかけです。そこで古文書《こもんじょ》を勉強したわけですが、先輩からひどくしごかれましてね。ただし、大学に入る前から、江戸時代を勉強したかったのです。江戸時代は、ちょうどよい過去だと思います。遠すぎて全く理解できない過去でもなく、また、近すぎる過去でもありません。

フミオ君　あらゆる文化が大衆化しましたね。

モンジョ先生　日本の文化のほとんどの源流は、江戸時代の文化でしょう。平安時代や鎌倉時代の古典文学にしても、江戸時代に出版されて全国に普及して、初めて広く認識されて、「古典文学」として成立しました。それから、屋台で売られる蕎麦《そば》や天麩羅《てんぷら》などのファスト・フードが登場したのも江戸時代で、いわゆる今に繋がる「和食」が成立しました。それから、たいていの家では、家系を遡ることのできる上限が江戸時代後期でしょうか。由緒のある家ですと、前期まで遡ることができるかもしれません。庶民の層までイエが成立するのも江戸時代です。

フミオ君　江戸時代は、今と違って丁髷《ちょんまげ》を結っていた時代ですけれども、意外と近いですね。高校の授業の時に使っていた歴史の年表を眺めていて、つくづくそう思いました。

モンジョ先生　ええ。江戸時代生まれの長命な方で言えば、河本こうさんという方がいます。江戸時代の文久3年（1863）のお生まれで、昭和50年（1975）までご存命でした。泉重千代《いずみしげちよ》さんという方も有名ですが、泉さんの生年は、はっきりとしていないようです。

フミオ君　風俗が現代と異なるせいか、遠い昔のようにも思えますが、そう考えるとあまり遠い昔でもありませんね。

モンジョ先生　もうちょっと時代を下ると、子供の頃の私を可愛がってくれた曾祖母は、明治30年（1897）生まれです。その曾祖母は、江戸時代生まれの人びとに育てられていたのですから。曾祖母は、私が中学生の頃に亡くなりました。私は小学生の頃に、皇居の一般参賀で昭和天皇を遠くから眺めています。その昭和天皇は、まだ迪宮裕仁親王《みちのみやひろひとしんのう》と呼ばれていた頃に、長州藩の志士あがりである伊藤博文《いとうひろぶみ》や山県有朋《やまがたありとも》と、宮中で会話をしているのです。その昭和天皇も、昭和64年（1989）1月7日に崩御《ほうぎょ》しました。

フミオ君　そうやって、だんだんと江戸時代も遠のいてしまうわけですね。

モンジョ先生　今は「老人」がいませんよね。

フミオ君　えっ？　それは、どういう意味でしょうか？

モンジョ先生　70歳のシニア層でも、若い人と同じように、インターネットを楽しんだり、海外旅行をしたり、株取引などのマネーゲームをやったりする。これはもはや「老人」ではありませんね。

フミオ君　若い人との文化的断絶があまりない、という意味でしょうか？

モンジョ先生　私が子供の頃に見ていた明治の老人は、質素な生活で、今のように頻繁

膝を軽く折る姿勢は前近代の絵によく見られる。近代、洋装になっても、同じような姿勢である。清水勲編『ビゴー日本素描集』(岩波文庫)。

に旅行はしません。本や新聞などを読む時は音読をする。お辞儀をする時は軽く膝を曲げる(図)。くずし字を書く……。青年層や壮年層と、文化的に繋がってはいないわけです。そういう意味では、真性の「老人」と言えるでしょうね。

フミオ君 若い人にとっては意味不明なのですね。

モンジョ先生 私の曾祖母のような、ちょうど江戸時代以来の生活文化の余韻を残した明治の老人が亡くなり出した時期から、歴史関係の書籍コーナーがだんだんと変化していきました。平成に入ってからは、珍説を述べる書籍が多くなりました。それはあとで、追々お話することにしましょう。

ここからは、現代人の見る「江戸時代」像と、実際にあったと思われる「江戸時代」像とのズレについて話し合ってみたい、と思います。研究者は研究が本分ですから、必ずしもそのようなことは考えなくてもよい、という意見もあるかもしれません。しかし、最近はちょっと気になることも多くなりまして、この機会に少しだけ話させてください。

フミオ君　はい、わかりました。僕にも少し質問させてください。

❖結婚するとどうなるか

モンジョ先生　昭和の戦前と戦後では、人の意識や生活スタイルが随分変わりました。まず何から話し始めましょうか？　この話題は、フミオ君には随分先かもしれませんけれど。

フミオ君　何のことでしょう?

モンジョ先生　近年、巷《ちまた》では結婚の手続きで揉めることが多いのです。まるで揉めるために結婚をするのではないか、というくらいです。結納《ゆいのう》をどこでやるのか（夫方の家か妻方の家か）、結婚式をどの程度の規模でやるのか、親戚を呼ぶか呼ばないか、などですね。地域によって様々です。特に、都会暮らしの家の人と田舎暮らしの家の人が結婚すると、価値観の相違などが出てきて対立します。最近、結婚をめぐって起きている事例は、生活文化史を研究する上で興味深いのではないか、と感じています。

フミオ君　「うちの家ではこうやっている」などですね。僕は経験がないので、別にどうでもよさそうなことだ、と感じてしまいます。

モンジョ先生　いや、どうでもいいことだから探める、とも言えます。では、昔はどうだったのでしょうか？　まず、今と比べて通婚圏が随分と狭いのです。次の図は、江戸時代後期の、武蔵国入間郡赤尾村《あかお》（現在の埼玉県坂戸市赤尾）の通婚圏です。

１００年間６７０件分の人別移動件数（「宗門人別帳《しゅうもんにんべつちょう》」［現在で言うところの戸籍］の人別が移動した件数を調べたもの。婚姻だけではなく、養子なども含む。件数1件の土地は除いた）を地図に落としたものです。もっとも、城下町・宿場町・港町の人別移動で調べると、これとは違う結果が出て、もっと広くなると思われますから、一概には言えません。

フミオ君　確かに狭いですね。数字の多いところで言えば、村の周囲だけではないですか？

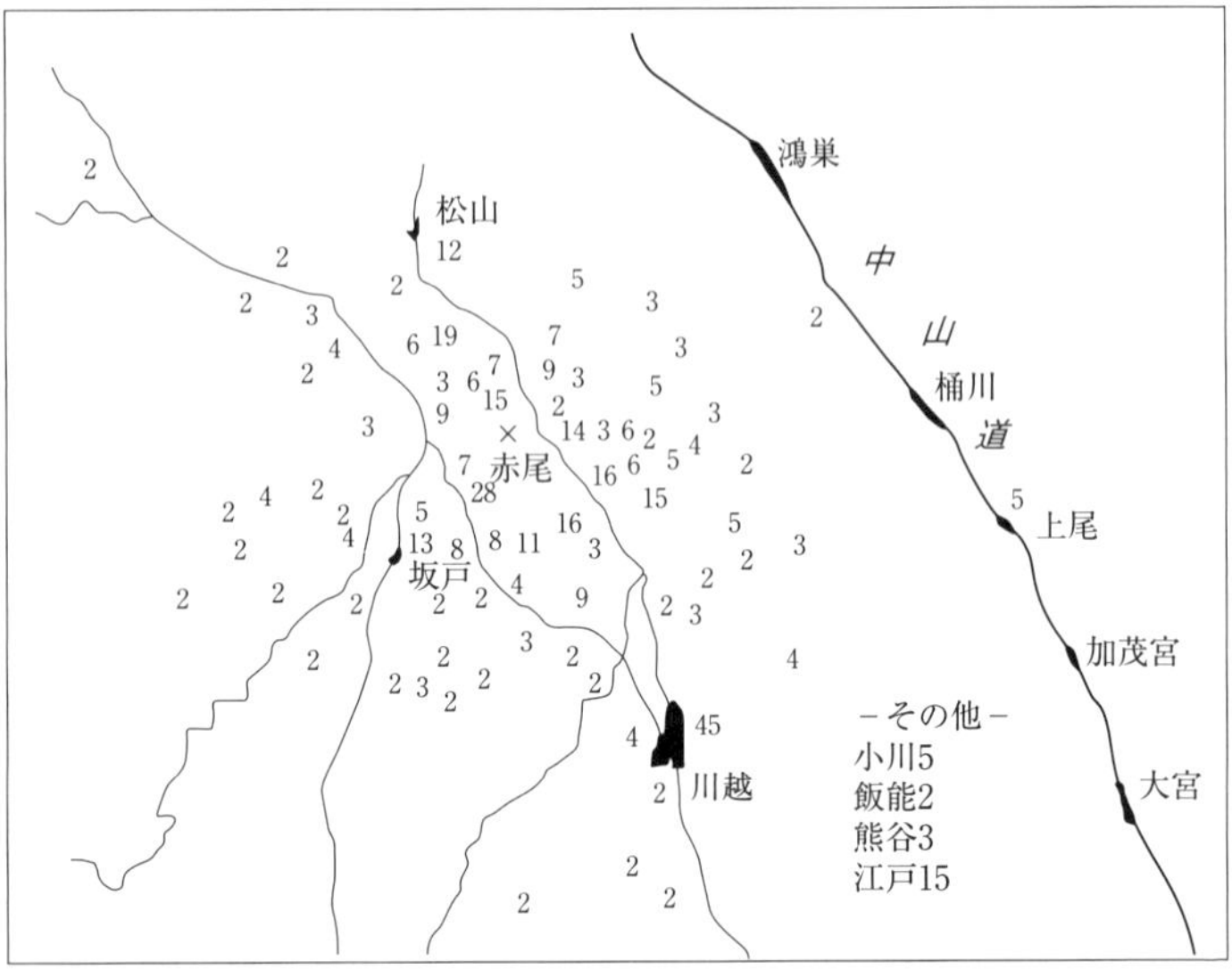

武蔵国入間郡赤尾村の通婚圏

モンジョ先生　この村の場合、これでも江戸時代の前期・中期に比べて、遠隔地の都市へ移動する人が多くなっているのです。高度経済成長期以後、北海道の人と沖縄県の人が結婚するような世の中になりました。そのような状況は、おそらく日本史ではかつて存在しなかったでしょう。これでは、結婚のやり方で揉めて当然と言えるでしょう。

フミオ君　うーん、なるほど。数百年来の珍事が日本国中で発生しているわけですか。それと気がつかずに家々が揉め事を起こしている。でも、結婚して一緒に生活してからも揉め事があるかもしれませんね。

モンジョ先生　おそらく、そうでしょう。

夫婦で互いに育ってきた環境が異なれば、生活スタイルも異なるからです。例えば、口で音を立てて食事をするか否か、という問題があります。これを嫌う人は大変多いのですが、細かくは地域によっても家によっても、許容限度が異なるようです。

フミオ君　えっ。僕の場合は、幼い頃から親や周囲から「音を立ててペチャペチャ食べるな」と注意されて躾《しつ》けられてきましたけど。音を立てて食べる人を見ることすら嫌ですね。僕たち若い世代では、そういう人のことを「クチャラー」と言いますよ。

モンジョ先生　しかし、昔の日本人には、その「クチャラー」が珍しくないのです。例えば、明治時代の初期に来日した英国人の女性探検家イザベラ・バードの探検記を見ると、日本人は音を立てて食事をする、と記しています。「ごちそうだということを示すために、ぺちゃぺちゃ、ごくごくと音をたてて食べたり飲んだり派手に息を吸ったりするのは正しいことです。（略）これは西洋人にとってはとても困ったことで、（略）もう少しで笑い出してしまうところでした」（『イザベラ・バードの日本紀行』〔講談社学術文庫〕）。

あるいは、戦国時代に来日した宣教師ルイス・フロイスは「われわれ（ヨーロッパ人）の間では口で大きな音を立てて食事をしたり、葡萄酒を一滴も残さず飲みほしたりすることは卑しい振舞とされている。日本人たちの間ではそのどちらのことも礼儀正しいことだ」

と書き残しています（ルイス・フロイス『ヨーロッパ文化と日本文化』〔岩波文庫〕）。

フミオ君　いつから日本人は静かに食べるようになったのでしょうか？

モンジョ先生　たぶん、西洋のテーブル・マナーが入ってきてからではないでしょうか。静かに食べることが当たり前ではありませんでした。あと、「おくびにも出さない」という言葉がありますが、「おくび」とはゲップのことですからね。

フミオ君　うーん。歴史学を勉強すると、当たり前が何なのかがわからなくなってしまいます。

モンジョ先生　「当たり前」を相対化することは、歴史学に限ったことではなくて、学問全般について言えることですよ。昔ながらの、音を立てて食事をすることに寛容な家庭も、依然として存在していますから、夫婦で食事の仕方をめぐって揉めるということも、ちょっと根が深いのです。育ってきた家庭環境の違いによって、軋轢《あつれき》が起こることがあるでしょう。だから、「クチャラー」を「育ちが悪い」などと決めつけないことですね。昔ながらの生活スタイルが残存している可能性もありますから。

フミオ君　僕らは、日本の生活文化について、今まで変化せずにずっと続いてきたんじゃないか、そして、これから将来も変わらないんじゃないか、と漠然と思っているところがあります。しかし、実際には、古文書などを読んで検討してみると、意外に大きな変化がある、ということですね。先生と僕らにしても、歳が20歳ほどしか離れていませんが、それでも文化の断絶はありますよね。

❖病の江戸時代

フミオ君　先生は江戸時代に行ってみたいと思いますか？

モンジョ先生　思いません。

フミオ君　なぜでしょうか？

モンジョ先生　私は病弱でして、医療技術の発達していない時代では生きていくことは不可能です。それはともかく、江戸には「むきみ売り」という振売《ふりう》りがいました。貝の剥き身を売る人です。重くないので子供がやる商売の一つです（図）。江戸時代のことを教える講座に出講しますと、これについて、「夏場などは傷《いた》まないのですか？」と訊かれることが時々あります。

式亭三馬「浮世床」の挿絵　下の子供が「むきみ売り」

フミオ君　食べた人は、すぐに腹痛で苦しみそうですね。

モンジョ先生　だけど、江戸時代の人が食べても、現代人ほどにはお腹を壊さない、と思います。

フミオ君　それはどうしてでしょう？　同じ人間なのに。

モンジョ先生　きっと、江戸時代人は現代人と同じ人間ではない、と思います。江戸時代の戸籍にあたる「宗門人別帳」を読むと、子供の死亡率が異様に高いのです。だから、大人にまで成長できた江戸時代人は、子供の頃の間に様々な免疫ができていて、ちょっとやそっとでは体を壊しません。

フミオ君　「江戸時代の平均寿命が低いのは、子供の死亡率が高いからだ」という話は、どこかで聞いたことがあります。

モンジョ先生　要は、江戸時代人と現代人を同じように考えてはいけない、ということなのです。

例えば、江戸時代の流行病《はやりやまい》は凄まじいものでした。これは「麻疹絵《はしかえ》」という錦絵です（図）。いわゆる風刺画《ふうしが》ですが、白黒のいわゆる「瓦版《かわらばん》」よりも、少しだけ高級です。雑誌『フライデー』によく似たメディア、という位置づけでしょうか。文久2年（1862）に流行した麻疹を風刺したものでして、麻疹の原因になる神様を叩こうとしているのが麻疹流行によって損をした業種、神様を守ろうとしているのが得をした業種です。

フミオ君　流行病のせいで、みんなが戦々恐々と思いきや、得した業種もあるんですね。

モンジョ先生　ええ。流行病ですから、お医者さんや薬屋さんは得した業種です。

フミオ君　あっという間に病気が広まるということは、当時、病気が発生する仕組みもよくわかっていなかったし、衛生観念もあんまりなかったということなどが原因なのでしょうか？

モンジョ先生　そうですね。何となく、病気が伝染《うつ》ることはわかっていたと思います。

江戸の深川《ふかがわ》材木町《ざいもくちょう》の町人鈴木《すずき》三《さん》右衛《え》門《もん》による安政4年（1857）分の日記が残っていますが、この年の2月に、風邪の流行病が発生しています（インフルエンザでしょうか）。この時期の日記を読みますと、鈴木家では家族や奉公人たちがバタバタと風邪で臥している様子がリアルタイムでわかります。奉公人が足らなくなって家事が滞ったので、急遽、奉公人を一人雇っています（『幕末江戸町人の記録　鈴木三右衛門日記』東京都、高尾善希「解題　鈴木三右衛門日記」）。

錦絵「麻疹退治」（文久2年［1862］）

❖格差の江戸時代

フミオ君　先生が江戸時代に行きたくない理由は、病気だけでしょうか。ほかにも行きたくない理由がありますか？

モンジョ先生　江戸時代は身分制社会ですから大変ですよ。百姓は馬に乗ったままで武士の前を通り過ぎることはできません。「無礼だ」って武士に怒鳴られて、どんな乱暴されるか、わかったものではありません。

フミオ君　それなら、武士の家に生まれればいいんですよ。

モンジョ先生　いやいや、武士の人口は総人口のたった5％程度です。それに、武士の中にこそ、うるさい格式があります。武士と言ってもピンからキリまでありまして、下級武士の貧乏生活は大変なものです。

フミオ君　僕なんかは、まず、「江戸時代の人」と言えば、武士の姿をとりあえず連想しますけど。やっぱり、それって不自然なのでしょうか？

モンジョ先生　確かに、歴史ドラマでは武士を描いたドラマばかりですよね。逆に、あまり百姓は出てこない。

フミオ君　身分格差だけではなくて、経済階層の格差もありますよね。当然、今より厳しいのでしょうか。

モンジョ先生　例えば、比較的経済格差の大きかった江戸では、貧民層や貧民予備層が驚くほどに多かったのです。例えば、さっき流行病の話をしましたが、文政4年（1821）にも「ダンボ風邪」という流行病がありました。救済施設である町会所《まちかいしょ》では、その時にお救い金を配布しようとして、江戸の町方における労働を手段にして生きる人びとの総数を、町名主に命じて勘定させました。その数は……。

フミオ君　どの程度なんだろう。町方人口がだいたい50万人だとすると……。

モンジョ先生　29万7743人（『東京市史稿』産業篇50、文政4年2月28日条）。

フミオ君　50万人中の29万人。つまり、町方人口の60％は、風邪が流行するとたちまち食べていけなくなる人びとだ、ということですね。厳しい格差社会の現実ですね。

モンジョ先生　よく裏長屋《うらながや》はのんびりとした社会だなんて言うけれども、一概にそんなことはないですね。貧民窟《ひんみんくつ》のようなところだったと思います。

フミオ君　落語に出てくる熊さんや八さんは、のんびりやっていますけどね。

モンジョ先生　あれは落語だからですよ。

フミオ君　あの、人情に厚くて笑いのある社会は、厳しい社会の裏返しなのでしょうか。

モンジョ先生　実際に人情に厚い人びともいたかもしれません。ただし、落語の世界ですから割り引いて考える必要はありそうです。裏長屋の暮らしについては、現代流の解釈で、「もし火事が起きても、身一つで逃げるだけだから、気軽で暢気《のんき》なものだった」と表現されています。しかし、そんな暮らしが「気軽で暢気」なわけがありません。

フミオ君　町方人口の60％が労働を手段とする「その日暮らし」だとしますと、労働人口が多すぎてしまいますね。仕事の取り合いになりそうですが。

モンジョ先生　仕事がない場合は、火事を待ち望む人もいたのです。火事は恐ろしくて深刻な災害だったわけですが、火事の復興景気を待ち望むくらいに逼迫《ひっぱく》する場合もあるわけですね。

フミオ君　村でも、大きな飢饉《ききん》があると、死人が出ましたね。教科書には「天明《てんめい》の飢饉」や「天保《てんぽう》の飢饉」のことなどが書いてあります。

モンジョ先生　村は、都市よりもある程度は共同体が機能しているので、セーフティ・

ネットは存在していたほうだと思います。江戸時代は、生産力が向上した豊かな時代でした。マルクス主義歴史学への反省もあり、「貧農史観《ひんのうしかん》」もだいぶ見直されてきました。

しかし、それにしても限界はあります。東北地方などでは、地域特有の気候や生産力の限界による農作物生産の失敗があって、その上に、領主の政策によって米穀流通が停止させられると、多くの人が死ぬほどの深刻な事態に陥ります。そのことも忘れてはならないと思います。

❖治安の江戸時代

フミオ君 ちょっと、僕が気になっていることを質問させてください。江戸の町奉行所《まちぶぎょうしょ》には、南町《みなみまち》奉行所と北町《きたまち》奉行所の与力《よりき》・同心《どうしん》を合計して250人程度の役人がいたそうです。その一方で、町方には50万人の人びとが暮らしていました。250人が50万人を管理するということは、大変なことだったろうと思います。それだけの少ない人数で、なぜ江戸の町方を支配できたのでしょうか？　僕と同じことを思っている人も、結構いると思います。

モンジョ先生　私もよく質問されます。実は、この話、江戸の治安がよかったという文脈で、よく紹介される話です。ただし、町奉行所の役人が、町政のことについて、あれこれと細かい部分にまで世話を焼く、というわけではありません。町名主《まちなぬし》などをはじめとする町の自治組織が機能していた、ということもあるでしょう。つまり、奉行所の役人25 0人の働きよりも、無数の町役人や普段の店子《たなこ》を管理している家主《いえぬし》（大家）たちの働きのほうを評価しなければならないのではないでしょうか。

フミオ君　なるほど。現代の役所や警察署のようなイメージで町奉行所を捉えてはいけない、ということでしょうか？　僕のような疑問は、現代の役所のイメージと町奉行所のイメージが重なることによって発生する疑問ですよね。そうすると、町奉行所は支配コストが安いシステムだ、ということでしょうか？

モンジョ先生　江戸時代と現代とは、地域運営の仕組みが異なります。それから、ロクに支配できていなかった、という見方も成り立つかもしれません。

フミオ君　そうですか……。

モンジョ先生　町奉行所では、密かに町々の自衛にあたる自身番屋《じしんばんや》の運営の実態を調べています（『東京市史稿』産業篇52、文政13年［1830］2月条）。自身番とは町の家主が詰める番屋です。しかし、自身番屋に詰めている町人たちは、だいたいお酒を飲んでいたり、寝ていたりしています。このようなところを見ると、町の自治組織の機能といっても、やはり限界があったようです。

フミオ君　そうか。

モンジョ先生　そのことに関連してか、江戸の町は治安が悪くて人殺しが多いのです。伊予松山藩士で江戸藩邸に育った内藤鳴雪《ないとうめいせつ》の『鳴雪自叙伝』（岩波文庫）によれば、江戸市中には辻斬りが多くて、道を歩いていると、菰《こも》の間から人の白い足が出ているのが見えたそうですよ。

フミオ君　ひええ。

モンジョ先生　江戸の芝に「切通し《きりとお》」という道があります。台地を切り崩して道を通したので切通しと言います。しかし、少年時代の鳴雪は、辻斬りが多いから切通しというのだと勘違いをしていたのだそうです。そのくらいに辻斬りが多かったのですね。現代のように、科学調査をやって犯人を捕まえることができません。寂しい夜道でバッサリやって、すぐに逃げてしまえば、それでオシマイです。

フミオ君　江戸時代をあまり美化してはいけない、というわけですね。町奉行所の役人数が少なくても治まっていた、と言われているけれども、そこには町の自治組織の役割を勘定に入れていないし、そもそも治安だって現代に比べれば決してよいわけではなかったよ、と。

モンジョ先生　先日、石川英輔氏が書いた『大江戸えねるぎー事情』（講談社文庫）という本を読んでいたのですが、同書の中に石川氏と法政大学教授の田中優子氏との対談が収録されています。その対談で石川氏は、日本において鍵《かぎ》が発達しなかった理由として、日本の犯罪の発生率が低かったからだ、と論じています。1978年（昭和53）の統計によれば、人口10万人あたりの強盗発生率が、ニューヨークが989件、パリが479件であるけれども、日本はたったの4・4件である、と石川さんは言うわけです。

フミオ君　その石川氏の話は、あくまで1978年の話で、江戸時代の話とは無関係ですね。

モンジョ先生　そうです。もちろん、江戸時代にも鍵があります。鍵があるということは、江戸時代にも泥棒がいるということです。有名な鼠小僧次郎吉《ねずみこぞうじろきち》がいます。言うまでもないことですが、いくら何でも、幕府の御金蔵《ごきんぞう》や質屋の土蔵《どぞう》には鍵をかけないといけませんよね。

フミオ君　1978年の犯罪発生率が低いことは事実で、現代の日本の治安がよいことは特筆すべきことであるにしても、だからといって、江戸時代の犯罪発生率も低いとは言えない、ということですね。

モンジョ先生　そう。異なる時期のデータを安易に混ぜたり、とりわけ外国のデータとの比較で論じられていたりすると、歴史の話題がつまらない日本賛美の文脈として利用される恐れがありますから危険です。これでは「江戸時代の日本は治安がよい↓現代の日本も治安がよい↓日本人の優秀な国民性」という論法で、非現実的・非実証的な話に陥ってしまいます。日本文化は、実は昔から随分と変化しています。日本の歴史や日本文化を、もっと冷静に評価すべきだと思いますが、いかがでしょうか。

❖「江戸しぐさ」と現代社会

フミオ君　今まで先生からお聞きしてきた、病気にしても、格差にしても、治安にしても、江戸時代の社会は現代から見て過酷な面が多い、ということですね。しかしながら、依然として現代の人びとは、江戸時代に対して「のんびりとした平和な時代」という印象を持っています。それはなぜなのでしょうか？

モンジョ先生　現代人には「江戸時代はこうあって欲しい」という願望があるのでしょう。

フミオ君　現代社会の反対の像を江戸時代に求めている、ということでしょうか？　それは、古文書から江戸時代を研究しようという先生の態度とは正反対ですね。

モンジョ先生　その好例として「江戸しぐさ」の話をしましょうか。最近、新聞社などからよくコメントを求められますので。ちょっと長くなりますが、お付き合い頂けますかね？

フミオ君　はい。「江戸しぐさ」……どこかで聞いたことがありますね。

モンジョ先生　「江戸しぐさ」とは、「NPO法人江戸しぐさ」などが提唱している、江戸の商人たちによって伝承されてきた行動哲学や、それに基づく具体的なマナーのことを指します。この法人は、講演や執筆活動などを通じて「江戸しぐさ」の宣伝に努めているようです。江戸時代に存在した一般的な習慣（しぐさ）とは別モノです。ご存じの方も多いだろうと思います。

「江戸しぐさ」は、公共広告機構（のち、ACジャパン）の広告をはじめ、読売新聞・朝日新聞・毎日新聞など大手の新聞社が紹介し、関連書籍も多く、書店の歴史書コーナーを賑わしています。企業の研修や自治体の公募制講座の科目としてもお馴染みとなり、学校教育の場でも実践教育の一環となりました。公民や道徳の教科書も、「江戸しぐさ」について言及しています。私も、仕事で東京都のある区の中学校に行った時に、「江戸しぐさ」の大きなポスターを目にしたことがあります。

フミオ君　それって、本当に江戸時代に実在したものなのでしょうか？

モンジョ先生　これだけ大々的に宣伝しているものですから、「江戸しぐさ」は江戸に実在したものだろう、とお考えになる方は多いのかもしれません。なるほど、講座では多くのお客さんを獲得していますし、本もそれなりに売れているようです。

しかし、江戸時代に存在したものかどうかは検証不可能なものです。初の「江戸しぐさ」批判本である原田実『江戸しぐさの正体　教育をむしばむ偽りの伝統』（星海社新書）によりますと、例えば、「傘をもったまま細い路地をすれ違う時に、傘を傾けるしぐさがあった」ということについて、みんなが傘を持ち歩く習慣がどれだけあったのか、あるいは、「商人は数分というわずかな時間を大切にして、約束した時間を守らないひとを『時泥棒』といった」ということについても、5分や10分という時間の観念が江戸の市井《しせい》にあったのか、という疑問を呈しています。そのほか、「江戸しぐさ」においては、真夏に氷を食べる習慣、あるいはトマトを食べる習慣もあったことになっているそうです。

フミオ君　検証不可能ということは、どういうことなのでしょうか？　やはり実在しなかったということに限りなく等しい、ということになりますか？

モンジョ先生　「NPO法人江戸しぐさ」は、「江戸の治安がよかったのは、江戸の商人たちが『江戸しぐさ』を守っていたからだ」と主張しています。しかし、本当に江戸の治安はよかったのでしょうか。「NPO法人江戸しぐさ」講師の山内あやりさんは、テレビ番組において、江戸では殺人事件が1件しかなかった、と述べています。しかし、ここでは赤穂浪士《あこうろうし》の討ち入りや、桜田門外《さくらだもんがい》の変《へん》が存在しないことになっています。さらに、「NPO法人江戸しぐさ」名誉会長の越川禮子《こしかわれいこ》さんは「明治維新の折、官軍が江戸っ子を虐殺し、『江戸しぐさ』は断絶の危機に瀕した」と主張しています（越川禮子『商人道「江戸しぐさ」の知恵袋』［講談社＋α新書］）が、そのような史実は確認されていません。

言うまでもないことですが、歴史研究者の仲間も『『江戸しぐさ』などというものは聞いたこともない」と言いますし、それに類するものさえも、江戸学の祖・三田村鳶魚《みたむらえんぎょ》以来の江戸の研究史上では指摘されていません。「江戸しぐさ」を信奉している方々には、善良な方が多いため、誠に申し上げにくいことなのですが。

フミオ君　なるほど。先生はこの「江戸しぐさ」について、ずいぶん前からご存じだったのですか？

モンジョ先生　私がこの「江戸しぐさ」なるものを知った時期は、確か4～5年前だったかと思います。だから、さほど古い話ではありません。講座の生徒さんから質問を受けて、初めてそれを知りました。

フミオ君　でも、そんなあやふやなことを、教科書に載せてはまずいのではないでしょうか？

モンジョ先生　さっき、公民や道徳の教科書が「江戸しぐさ」について言及している、と言いましたが、学校教育の内容が昔から奇妙であったことも事実です。

「法隆寺の回廊の柱は真ん中が膨らんでいる、これはエンタシスというものでギリシャ神殿の影響である。」――私が子供の頃、学校で使用した歴史資料集には、このような話が載っていたものです。「新しい歴史教科書をつくる会」の作る教科書が、教育界や歴史学界で問題となったことがありましたが、このような無邪気な記述にも注目すべきでした。

フミオ君　柱の話は、僕も歴史資料集で見たことがあります。あれは本当の話なのでしょうか？

モンジョ先生　法隆寺の柱がギリシャ美術の影響を受けているか否かを検証しなければなりませんが、おそらく検証の手段がないでしょう。これでは「信じる者は救われる」であって、取り付くしまもありません。もっと卑俗な例で言いますと、「俺は若い頃、美男子だった」と言い張る人がいたとして、一方で「若い頃の写真は全て火事で燃えてしまった」のであれば、その言い分は誰も検証することができません。歴史学では、そのような問題は扱えません。

フミオ君　検証可能であることが、史実であることを保証しているわけで、検証不可能なことはそもそも話にならないから、教科書に載せるべきではない、ということですね。

モンジョ先生　民俗学などが扱う文字にならない民間伝承も、複数の伝承を採集することによって、伝承が存在したこと、伝承の背景、伝承の裏にある諸史実などについて、だいたい把握することができます。

しかし、「江戸しぐさ」は、伝承の出所が江戸しぐさの祖・芝三光氏の発言一つでしかないため、その構造の上に立脚して認識することができません。

ちなみに越川禮子さんは、インターネット番組（和ゴコロTV「Message 越川禮子（NPO法人江戸しぐさ）」）において、「『江戸学事典』というのがあって、5000円もあれば買えるんだけど、（『江戸しぐさ』は）そういうものとは違って（口伝である）」と発言しています。『江戸学事典』（弘文堂）は、江戸東京博物館館長の竹内誠氏らの編纂による事典で、確かに縮刷版の売り値は5033円（税込）ですから、越川氏も同事典に目を通しているのでしょう。越川氏は、歴史学の諸成果を検討してはいるものの、それとは違う世界がある、とお考えになっているようです。

フミオ君　でも、それを嘘だと証明するのも難しそうです。あらゆる可能性を潰していかないといけません。

モンジョ先生　その通りです。原田実さんは、先の『江戸しぐさの正体』の中で「江戸しぐさ」の真偽について検討を加えています。『江戸しぐさ』はかなり怪しい」というところまでは言える誠実な検討でしたが、それでも一部は推測の域を出てはいません。これは仕方のないことで、「アルことを解明することよりも、ナイことを解明する」ほうがはるかに難しいからです。

ただ、最低でも言えるのは、「江戸しぐさ」は「かなり怪しい検証不可能な伝承だ」ということです。私から言わせれば、教科書に載せてはならない理由として、それで充分だと思います。

フミオ君　先生としては、あんまり「江戸しぐさ」に迷惑を被《こうむ》るということもないのではないでしょうか？　先生にとっては〝よそ様がやっている怪しい商売〟という位置づけになるのではないでしょうか？

モンジョ先生　一概に、そうでもないのです。「江戸しぐさ」の内容は、検証不可能なものであったとしても、道徳に適ったものですから、もしフィクションであったとしてもいいではないか、目くじらを立てる必要はない、という方がいるかもしれません。

しかし、「江戸時代史がイデオロギーになる」ことに関する問題もあります。これは「江戸しぐさ」ではありませんが、私はある媒体で、江戸の格差社会の問題についての一文を寄せたことがありました。そこでは「わたしたちの団体の考える江戸の社会とは違う」という理由で掲載できないと言われました。私は史料に基づいて書いている、と反論しました。結果的に掲載はされましたが、なかなか難しいものだな、と感じました。

フミオ君　間接的に、先生のような人に影響があるのですね。

モンジョ先生　江戸の社会について「お金に清らかで、平和に暮らす社会」という社会観が強固に存在しています。もちろん、江戸の町中にも、いわゆる「善人」はおり、うるわしい人間関係が築かれている一面もあります。しかし、その一方で、江戸は基本的には深刻な格差社会であり、常に富をめぐる熾烈《しれつ》な争いや摩擦が起きている社会です。

歴史学は、史料に基づいて「史実」（真実である可能性が高い史料の記載、真実は厳密には神様にしかわからないもの）を抽出し、歴史叙述を行う学問です。「ヨタ話だとわかった上で楽しむ」というのであれば別ですが、史料の前に現代人の「考え」があるということは、先に述べた検証の問題を疎《おろそ》かにするという意味で危険だと考えています。

フミオ君　どうして「江戸しぐさ」のようなトンデモ話が出てきてしまうのでしょうか？

モンジョ先生　あくまで私が考える「江戸しぐさ」が流行する背景ですが……。

一つめには、「昔」をイメージすることが困難になった、という事情があるのではないでしょうか。江戸時代の文化がわずかながらも残っていた明治時代の文化さえも、忘れられつつあります。明治の老人がこの世にいなくなり始めた頃から、歴史書コーナーが〝暴走〟し出した、という印象があります。

二つめには、「明るい江戸時代」が極端な方向へ行ってしまった、ということです。マルクス主義歴史学への批判から、諸身分の交流（身分を越えた文化的交流。身分の売買など）や「貧農史観」の見直し（「経済外強制としての年貢収奪」批判）など、「明るい江戸時代」像が提起されてきました。しかし、過酷な部分などは確実に存在し、もちろん研究者レベルではそれを理解していますが、それ以外の人びとは極端な世界を想像し、誤読をする可能性を孕《はら》んでいます。

三つめには、現代の日本経済は行く末が暗く、高度経済成長期以来の日本人の誇りが失われつつあります。そのため、「美しい日本」像への渇望があるのではないでしょうか。これについては、冒頭にちょっと指摘したところです。この構造は宗教に似ていると思います。過去をユートピアと考え、それが時系列的に崩れるという歴史観です。例えば、仏教でいう「正法《しょうぼう》・像法《ぞうぼう》・末法《まっぽう》」の構造などが、その典型例です。ここでは、過去はユートピアであり、アンチとしての現在は濁世《だくせ》です。宗教は人を救いますが、宗教なのか科学なのかが判然としないスタンスの「江戸しぐさ」は、人びとを混乱させないでしょうか？

四つめは、研究者の怠慢でしょう。原田実さんは、『江戸しぐさの正体』で、江戸しぐさへの批判をしなかった歴史研究者の怠慢について、厳しく批判しています。「まさかこのようなトンデモは受け入れられないだろう」という油断もあったのでしょうし、研究者の中に「『江戸しぐさ』を知らない」という方も珍しくありません。しかし、これからは、研究者も現代社会における歴史の受容・解釈について、しっかり注視していく必要がありそうです。

第3章

江戸時代の文字と文章

なるほど

① 江戸時代の古文書を読む意義

フミオ君　歴史ドラマにせよ、歴史小説にせよ、「江戸しぐさ」にせよ、鵜呑《うの》みにすると、過去に対する印象や世界観を誤ってしまうわけですね。それらは、やはり受け手側の責任が大きい、ということが先生のご意見であると思います。

モンジョ先生　今は情報が溢れていて、インターネットに限らず、歴史研究者の書いた本を読めば正確な知識を得ることができます。幸い、新書や文庫で専門の内容をわかりやすく解説した啓蒙書がたくさん出版されていますから、それなりの知識を得ることは簡単なことだと思います。「何ごとも、本当かな？」と疑って自分で調べてみる、という態度は必要でしょうね。

フミオ君　歴史に接する方法としては、歴史関係の啓蒙書を読むという方法と、原史料、つまり古文書を読むという方法があります。普通の人は、古文書を読もう、というところまではなかなか考えませんね。

モンジョ先生　確かに啓蒙書でも、ある程度勉強することはできます。でも、もしかしたら、フミオ君のように「そこから先に進みたい」という人がいるかもしれません。昔のことを知るには、昔の人に聞いてみるのが一番だからです。ただし、多くの方に「古文書を読むのは難しい」という印象を持たれている、と思います。

フミオ君　今まで、古文書を読む意味・意義について、先生から多角的に教えて頂きました。さて、実際に古文書を読むにはどうしたらよいのでしょうか？　これからそのことについて教えて頂きたいのですが。

モンジョ先生　フミオ君が「江戸時代の古文書を勉強したい」というので、ここから、いよいよ江戸時代の古文書の文章の特徴について解説しましょう。幸い、私も江戸時代の専攻です。いろいろな時代の古文書を勉強すべきかもしれませんが、それでは範囲も広くなりすぎてしまい、ここでは説明しきれませんので、ご容赦ください。

ただし、私の古文書講座では、（将来どの時代の古文書を勉強するにせよ）江戸時代の古文書の勉強をお勧めしています。その理由は三つあります。

一つめは、量の問題です。さっき、江戸時代の古文書の分量の多さについて説明しました。直接手に取って触れることのできる古文書は、ほぼ間違いなく、江戸時代以降の古文書であるはずです。私が中世の古文書に直接触った経験は、わずか数度に過ぎません（専門にもよると思います）。その意味では、日本人に身近な古文書は江戸時代以降の古文書だと言うことができる、と思います。

フミオ君　先ほど、先生から古文書を見せて頂きましたが、僕の大学の「日本史料講読」でも、先生に古文書の現物を見せて頂きました。みんなは喜んで触っていました。やはりコピーとは印象が違いますね。昔の人が本当に書いたんだな、という実感が沸きます。

モンジョ先生　二つめには、江戸時代の文章は読みやすいということです。古代・中世の文章には、今では使われていない語句や、少し難解な和漢文《わかんぶん》（日本的漢文［本場である中国の漢文ではない］を俗に「和漢文」と言います）の返り読みが存在します。しかし、江戸時代の文章では、語句が現在の語句のものに近づいており、かつ和漢文も単純なものとなり、基本的に上から下に読めば意味が通じる文章です。

フミオ君　それは、例えばどのようなことでしょうか？

モンジョ先生　江戸時代の文語体《ぶんごたい》の構造は、和漢文を残しながらも、だいぶ単純で、基本的には上からし下へ読んでゆけば、だいたい意味が通じるようになっています。中世の文語体の文体では、例えば「可㆘早任㆓政所下文旨㆒領㆗掌所々地頭職㆖事」（はやく　まんどころくだしぶみのむねにまかせ　ところどころ　じとうしきを　りょうしょうすべきこと）という読み方です。読みにおいて、このように結構な上がり下がりがありますね。私は学生時代、（江戸時代の専攻でしたけども）古代・中世の和漢文が好きで、喜んで勉強していました。音読していて、気持ちのよい文章だと感じたからです。

フミオ君　江戸時代の文語体は、大学の「日本史料講読」で教わりましたが、これよりもだいぶ簡単でした。「可」「奉」「被」など、返るべき語が限られています。

モンジョ先生　三つめは、くずし字の形です。江戸時代のくずし字は、「御家流《おいえりゅう》」という形のくずし字で、日本列島の至るところで、かつ、あらゆる階層の人びとの間で使われていました。御家流の「御家」とは、一説には徳川家のことを指していると言い、御家流は言わば、公儀（幕府や藩）で使用が定められているくずし方でした。そのため、手習《てならい》塾《じゅく》（寺子屋《てらこや》）でも御家流をもっぱらに教えました。今でも、江戸時代の古文書を勉強していることを「『御家流』を勉強している」と表現することもありますから、江戸時代の古文書と言えば「御家流」なのです。くずし字が、ほかの時代に比べて画一的なので、まずくずし字を勉強しようという場合には、江戸時代の古文書のくずし字は勉強しやすいのではないか、と思います。

返読文字一覧

江戸時代の文章は、基本的に上から下に読めば意味が通じる。しかし、若干の返読文字がある。ここにその例を挙げる。

乍レ恐…おそれながら
以二書付一…かきつけをもって
於二江戸一…えどにおいて
難レ有存…ありがたくぞんじ
有レ之候…これありそうろう
不二取敢一…とりあえず
無レ之候…これなくそうろう
奉レ存候…ぞんじたてまつりそうろう
被レ成候…なされそうろう
被レ為レ成候…なさせられそうろう

可レ被レ成候…なさるべくそうろう
可レ被レ為レ成候…なさせらるべくそうろう
可レ被二成下一候…なしくださるべくそうろう
可レ被二成下置一候…なしくだしおかるべくそうろう（「置」の字があれば「置」まで読んで返る）
為二取替一申…とりかわしもうす
為二名代一…みょうだいとして
及二通達一候…つうだつにおよびそうろう
雖レ無レ之…これなくといえども

※「可」（べく・べし）の上は終止形で読まなければならない。文章の流れによっては臨時に「に」や「と」などを補って読んでもよい。「為」は「ため」「させ」（せ・し）「として」の三つの読み方がある。これらは文章の流れによって読み方を変える。例えば、「為替」は「かわせ」である。だから、この場合の「せ」を「し」と変えた例が、「為二取替一申」（とりかわしもうす）である。

フミオ君　江戸時代の文語体の構造は単純である。ということは、くずし字を楷書《かいしょ》に起こしさえすれば、何となく読めるようになる、ということですね。すると、江戸時代の古文書において、唯一の大きなハードルは「くずし字を読む」ということになりましょうか？

モンジョ先生　古文書の「読み」のややこしさについては、先ほど話しました。ただ、くずし字を楷書に起こすという作業自体は、さほど難しいことではないのです。くずし字のことは最も気になるでしょうから、最後に時間を多めにとって説明しよう、と思います。

❖ 文語体と口語体

フミオ君　江戸時代の文章には、だいたい「御座候」って書いてありますよね？　これは文語体、つまり文章のための言葉（文章専門の言葉）ということなのでしょうか？

モンジョ先生　原則的には、そうです。もっとも、船乗りは「ヨーソロ」（宜《よ》う候）と言っていますけどね。江戸時代の例ではありませんが、昭和天皇が昭和20年（1945）8月15日の「玉音《ぎょくおん》放送」で「朕《ちん》深ク世界ノ大勢ト帝国ノ現状トニ鑑《かんが》ミ、非常ノ措置ヲ以テ時局ヲ収拾セムト欲シ、茲《ここ》ニ忠良ナル爾《なんじ》臣民ニ告ク」と仰られましたが、これはあくまで昭和天皇が文語体の文章を録音マイクの前で読み上げただけで、口語体の文章ではありません。

フミオ君　それでは、普段はどのような言葉を喋っていたのでしょうか？　日常生活における口語では「御座候」とは言っていないわけですか？

モンジョ先生　普通はそうですね。普段の昭和天皇が「朕」とか「収拾セムト欲シ」などとは仰られないことと同じです。

フミオ君　それでは、江戸城の公方様《くぼうさま》（征夷大将軍《せいいたいしょうぐん》）はどのように喋っていたのでしょうか？　もし僕と会話した場合は、言葉が通じますか？

モンジョ先生　たいてい通じると思います。現代人とほぼ変わりません。例えば、15代将軍徳川慶喜《よしのぶ》の言葉遣いとして、速記録の『昔夢会筆記《せきむかいひっき》』（平凡社、東洋文庫）が記録されています。明治時代の言葉ですが。「いちいちどうあったか覚えていないが、それは腹立ったこともある。いろいろあるが、どうもしっかりとは覚えていない」（明治42年［1909］12月8日）などと喋っています。江戸時代の彼の言葉も、これと大差はなかったのではないでしょうか。

フミオ君　案外、普通の言葉だったのですね。

モンジョ先生　明治時代の回顧録には、公方様に接した大奥女中《おおおくじょちゅう》の話が載っています。

将軍様は御自分のことを、自分が自分がともおっしゃったこともございました。此方《こちら》とか自分とかおっしゃいました。（略）御台様は『私《わたくし》』とおっしゃいました。私は嫌いじゃとか、好きじゃとか、あーじゃ、こーじゃとおっしゃったのでございます。公方様は、いやだ、好きだとおっしゃって、別に通常の言語と変ったことはございませぬ。

（旧事諮問会編『旧事諮問録』下〔岩波文庫〕）

とあります。ここでは「通常の言語」と言っていますね。

フミオ君　当時の記録は残っていないのですか？

モンジョ先生　幕府お抱えの御用達《ごようたし》町人の碁打《ごうち》たちは、「御城碁《おしろご》」という儀礼において、将軍の面前で碁を打つ任務がありました。碁打の本因坊《ほんいんぼう》家の文書には、「御城碁」の場における将軍の肉声が二つ、口語体で記されています。

①「おれか入候ても皆是にて致すか」（「自分が江戸城の「奥」に入っても、皆、黒書院にて

囲碁・将棋を楽しんでいるか？」という意味）

②「中々面白格別之物でハ有、皆そふは思ハぬか」（「囲碁や将棋というものはなかなか面白いものではあるな、皆そうは思わないか？」という意味）

（本因坊家文書二一、日本棋院囲碁殿堂資料館所蔵）

フミオ君　へえ。面白いですね。なぜ、このような文言が記録されたのですか？

モンジョ先生　研究者でも、こういう記録はご存じない、と思います。江戸城の儀礼においては、将軍は臣下の者へ「それへ」「骨折つた」などという声をかけます。これは決まりごとで、かける言葉があらかじめ決まっているのです。

それらとは異なり、ご紹介したものは将軍自身の自主的な発声です。ここだけが口語体で記録されたことには理由があります。碁打にとっては、将軍のお声がけがとても名誉であったからです。文語体（御座候という文）ではなく、口語体で記録されることは当たり前ではありません。

フミオ君　将軍は自分のことを「おれ」というのですね。つまり、一人称としては、①此方《こちら》、②自分、③おれ、の三つということですか。言葉は意外と普通ですよね。庶民の人びとは、どうだったのでしょうか？

モンジョ先生　式亭三馬《しきていさんば》の『浮世床《うきよどこ》』といった文学作品や摺物《すりもの》（印刷物）などを読めば、市井の人びとの口語体が書いてあります。つまり、古文書は文語体だけじゃないんですね。「きょうで五十日ほどになるが、天窓《あたま》が痛ッ《いたく》て、ねっから覚えられねへ」（『浮世床』初編巻之下　文化10年［1813］）という調子です。江戸弁の様子がよくわかりますね。

フミオ君　明治時代以後は、口語体に近い言葉で文章を書く、いわゆる言文一致体《げんぶんいっちたい》が登場します。

モンジョ先生　喋り言葉と書き言葉は、言文一致体の成立以後、近づきつつあるようです。例えば先日、大学のテストの答案の中に、「ゆう」という表現を見つけました。正しくは「いう」ですよね。「いう」と書いても「yuu」と発音します。しかし、「ゆう」とは書かない。「ゆう」と書いた場合は、「結う《ゆ》」（例、「丁髷《ちょんまげ》を結う」など）と混乱しますから。発音した通りに書こうとするから、「ゆう」と書いてしまうわけです。

❖ 真名と仮名

モンジョ先生　今まで、古文書とは何か、なぜ江戸時代の古文書を勉強するのか、などについて話してきました。ここでは、それらの問題から一度離れて、日本における文字遣いの特質について話しておきましょう。自分の国のことだから、わかっているかというと、そうでもない。多くの人は文字を無意識に使っており、その意味について（その意味は文字の歴史とも関係しています）深く考えている人は少ないかもしれません。このことは、これから古文書を勉強する上においても必要な知識です。

フミオ君　基本が大事ですね。

モンジョ先生　まず、私たち日本人の使っている文字は、ほとんど中国からやって来た漢字です。もっとも、日本人が独自に開発した「国字《こくじ》」という文字もあります。栃木県《とちぎけん》の「栃」などがそれに該当し、これは中国語では発音できません。ただし、その国字も、漢字もどきの「漢字」と言えるでしょう。日本の文化は、中国の文化を無視して語ることはできません。平仮名《ひらがな》にしても片仮名《かたかな》しても、漢字を由来にした文字です。その点、朝鮮半島のハングルという文字は違います。これは朝鮮民族が独自に創造した文字です。

フミオ君　砕《くだ》けた表現で言うなら、日本人は「人のふんどし（中国の文字）で相撲を取ってきた（文化を発展させてきた）」ということですね。外来語をはじめとする西洋の文化を、無造作に取り入れ続けてきた日本人らしい伝統ですね。

モンジョ先生　江戸時代の国学者は、古代の日本人が使っていたとされる「神代文字《じんだいもじ》」という文字を信じていました。これは、今では後世の偽作とされています。一部の日本人は、中国の文字（漢字）で文化を創ってきたということに対するコンプレックスを抱いていたに違いありません。この神代文字の存在は、そのコンプレックスへの裏返しとは言えないでしょうか。

フミオ君　やはり、国学者も「人のふんどし」であることを気にしていたのか。

モンジョ先生　このように、日本人は自分の国の文字としてほとんど漢字を使っています。しかし、その機能を分けて使っています。それが真名《まな》と仮名です。それでは、真名と仮名の違いを、具体的な例から見てみましょう。

例えば、

「本を読む」

という文章があったとします。この場合、「本」と「読」が真名で、「を」と「む」が仮名（平仮名）です。ただし、「を」という字は「遠」という漢字のくずし字で、「む」という字は「武」という漢字のくずし字です。つまり、現代の私たちも、平仮名というくずし字を使っているわけです。そして、「を」（＝「遠」）も「む」（＝「武」）も、文章の中では意味を伴わず、漢字の音《おん》を借りてきたに過ぎません。これをすべて楷書で書けば、「本遠読武」（本を読む）です。このうち、意味を伴って使っている文字は「本」と「読」だけです。漢字としての意味を伴って使う場合は真名、漢字としての意味を伴わず音を借りるだけで使う場合は仮名です。

フミオ君　蕎麦屋《そばや》などの箸袋《はしぶくろ》にも「御手茂登」と書いてありますね。「茂」と「登」は「も」と「と」であって、意味を考えてはいけませんね。音だけを意識する（図）。

モンジョ先生　そうですね。すべて楷書で「本遠読武」と書いてしまっては、意味が通じにくいので、今では「遠」と「武」をくずし字で書き、仮名読みしなければならないことを表現しています。

古代の歴史書『古事記《こじき》』はどうでしょう？　この書は日本語で書いてありますから、時

「御手もと」（「御手茂登」「御手」は真名、「茂登」は仮名）

に真名読みで、時に仮名読みにします。「久羅下」で「くらげ」（海に泳いでいるクラゲです）、「多陀用弊流之時」（「之」は読まない）で「ただよへるとき」と読みます。後者、「多陀用弊流」は仮名、「時」は真名です。『古事記』では、ここは真名読みせよ、仮名読みせよ、という注記が付いていています。

今では、真名である時は、楷書で書き、仮名である時は、平仮名としてくずし字で書くのが一般的です（片仮名はくずし字ではありません。漢字の一部を採った、言わば記号のような字体ですが、漢字由来には違いありません）。「本遠読武」と全てを楷書で書くと、どこが真名読みで、どこが仮名読みなのかがわかりません。

フミオ君　江戸時代の文章では、どうでしょうか？

モンジョ先生　江戸時代の文章ではどうかと言うと、真名も仮名もくずし字で書いてあることが多いわけです。すると、どこが真名読みで、どこが仮名読みか、迷うことになります。全てを楷書で書くと、真名と仮名の区別が判然としないのですから、全てくずし字で書いても、その区別が判然としないわけです。初学者が古文書を難しいと思うところは、まさにここです。その区別は、文脈で判断しなければなりません。具体的な例は、あとで話しましょう。

フミオ君　古文書を読んでいて難しいことは、一つの仮名にも複数の形があることです。「変体仮名《へんたいがな》」と言われているものです。

モンジョ先生　一つの仮名に「複数の形がある」理由は、二つです。一つは、もとになる漢字が複数あるからです。例えば、ta と発音する仮名でも、「太」という字のくずし字である「た」ばかりではなく、「多」「堂」であるくずし字である「」「」があります。もう一つは、もとになる漢字が同じでも、当然くずし方が複数あるからです。例えば、ta と発音する仮名のうち、「多」をくずした字がありますが、それには「」のほかに「」（多の字と似ていませんが、極限までくずすとこうなります）もあります。

フミオ君　これが難しいんだよなあ。

モンジョ先生　これだけ数があると、「覚えきれないかもしれない」と恐れをなす人がいるかもしれません。ただ、江戸時代の古文書で通常使われる仮名では、無限に数があるわけではありません。その点はご安心ください。

❖漢字の様々

フミオ君　古文書には、いろいろな漢字も出てきて戸惑います。

モンジョ先生　それでは、漢字の話もしましょうか。漢字には字体（書体ではない）が複数ある場合が珍しくありません。例えば、「松」は「枩」とも書きます。これらを「異《い》体字《たいじ》」と言います。異体字は相対的な関係にあり、「松」は「枩」の異体字、「枩」は「松」の異体字と表現できます。両者は同じ字の扱いで、漢和辞典にも同じ項目の中に入っています。つまり、字体が異なるだけである、という理解です（これに対して、「字体は似ているけれども、意味が異なる」漢字同士の場合、それに注意を促す意味で、それらを「別字《べつじ》」と呼ぶことがあります）。

フミオ君　人名の、苗字の部分にもありますね。「舩木」さんの「舩」や「杦浦」さんの「枚」などです。印鑑も、戸籍通りの異体字にしないといけないこともあるそうですね。

モンジョ先生 もちろん、「新字体《しんじたい》」と「旧字体《きゅうじたい》」も異体字同士です（例外はあります）。もし、漢字の画数が少なくなる場合は、特に「略字《りゃくじ》」と呼んでいますが、それらの一部も異体字です。

くずし字字典に掲載されている字が、異体字字典にも掲載されているという例がありま す。くずし字と異体字の区別も、ファジーな場合があります。例えば、現在の中国で使われている簡体字《かんたいじ》は、くずし字の形によく似ています。

フミオ君 中国は共産党一党が支配している国だから、労働者のために、誰にでも覚えやすく書きやすい簡体字を使うそうですね。

モンジョ先生 日本でも漢字を簡単にしたことがあります。日本で使われてきた漢字には、さっき話した新字体と旧字体があります。これは説明するまでもないでしょう。年齢によって、旧字体を見慣れている世代と見慣れていない世代があります（これによって年齢がわかる、ということがあるかもしれません）。例えば、「旧」という字の旧字体は「舊」です。全く字体が違います。新字体が採用されるまでは、後者の旧字体を使っていたのです。

江戸時代の古文書では、旧字体のくずし字が珍しくないため、それを読むには旧字体の知識も必要となるでしょう。

フミオ君　僕は、旧字体にどうしても慣れることができません。どうしたらよいでしょうか?

モンジョ先生　旧字体を見慣れていない世代の人は、旧字体で組まれた有名な文学作品を古本屋で入手してきて、まるまる1冊読むことをお勧めします。それだけでも、ある程度は覚えることができ、随分違うものです。

フミオ君　身近なところでは、「讀賣新聞」の「讀賣」や、「野村證券」の「證」に旧字体が使われています。

モンジョ先生　それから、専門用語も覚えてください。くずし字を楷書に直すことを「翻刻《ほんこく》」と言います。もともと「翻刻」とは、出版のために活字に組むことを言いましたが、そこから転じて、くずし字を楷書に直すことだけでも、「翻刻」と表現するようになりました。よく使われる言葉です。

くずし字を翻刻する場合、どの字体で翻刻するのかは、頭の痛い問題です。くずし字には、多様な異体字が使われているからです。中には、馴染みの薄い異体字がくずし字で表現されていることもあります(「節」のくずし字が、「莭」のくずし字であることも珍しくありません。このような字は、優秀になった昨今のパソコンのフォントでも、ほとんど出てこないでしょう)。ですから、あまり忠実に翻刻すると、きりがなくなってしまいます。

フミオ君　それでは、忠実に翻刻をすることは不可能だ、ということですか?

モンジョ先生　今のパソコンでも使える字が増えてきましたが、入力や編集の手間がかかりすぎるため、事実上は不可能でしょうね。

フミオ君　古文書の字の様子を忠実に本にしようとすれば、どうしたらよいのでしょうか?

モンジョ先生　「影印本《えいいんぼん》」というものがあります。古文書の写真版をそのまま本の体裁にしたものです。その場合は、字の形を忠実に本にした、ということになります。

② くずし字を読む「こころ」 その1

❖ くずし字、唯一の大きなハードル

モンジョ先生　さて、ここからは江戸時代の古文書を解読していきます。それには、フミオ君が言うように、くずし字が唯一の大きなハードルということになるでしょう。なお、ここでは「行書《ぎょうしょ》」や「草書《そうしょ》」なども一括して、くずし字と呼ぶことにします。

フミオ君　やれやれ。やっと古文書に書いてあるくずし字の話に、たどり着きましたか。古文書を読む上において、くずし字の読み方は大事な話ですね。今までの僕と先生との話、だいぶ道草を食っちゃいましたよね。

モンジョ先生　いやいや、道草もまたよし、ですよ。その道草の中にも、大事な話があ

ったはずですよ。

もちろん、江戸時代の古文書にも、楷書体で書かれている文章が無くはありませんが、ほとんどくずし字で書かれているのが現状です。そのため、「古文書の勉強＝くずし字の勉強」と意識されることも少なくありませんね。

江戸時代の文章は、ほぼ上から下へ読んでいけば、意味が通じるようになっています。さっき話した、いわゆる「和漢文」の返り読みがありますが、それにはパターンがあって数が限られています。だから、それらを少し覚えてしまえば、ほぼ読みこなすことができるのです。翻刻された江戸時代の文章を読んでみれば、すぐに慣れることができます（東京都刊行の『東京市史稿《とうきょうししこう》』には、文章に返り点が振られています。ご参照ください）。しかし、問題は原史料の字形がくずし字で書いてある、ということですね。

フミオ君　よし、僕も、翻刻された江戸時代の文章に慣れることから始めます。それから、くずし字の勉強ですね。

モンジョ先生　くずし字の解読は難しいのでしょうか、やさしいのでしょうか？　今の人なら、お正月の年賀状をくずし字で書いて寄越す人がいた場合は、きっと、難しい字を書く人だ、教養人だ、と感じることでしょう。しかし、昔の人（戦前までの時代の人）は、文字をくずし字で書くことは珍しくなかったんですよ。次にお見せするのは、大正時代の文字です。私の母方の曾祖母（後述）が受け取ったものです。これは、ちょっと難しい筆跡ですけどね（写真）。

フミオ君　本当だ。これでは全く読めませんね。

モンジョ先生　アジア太平洋戦争時、大本営の参謀だった瀬島龍三《せじまりゅうぞう》氏は、綺麗なくずし字を書いたのだそうです。商社の伊藤忠《いとうちゅう》で瀬島さんの部下だった社員たちの中には、終戦時は帝国大学の学生で壕《ごう》掘りをしていた方もいましたが、その方はくずし字を理解することが無理だったようです。

私の母方の曾祖母（明治30年［1897］生まれ）は、くずし字を読み書きしていましたが、その娘の祖母（大正9年［1920］生まれ、女学校卒業）は、くずし字を読み書きする習慣がなく、「昔の葉書には読めない文字があって困った」と、こぼしていました。ある世代からはくずし字を書く習慣があり、ある世代からはそれが消えてしまったわけです。人によって様々でしたが、大まかに言えば、明治の老人まではくずし字を読み書きしていたようです。むしろ、くずし字を読み書きしていた時代のほうが長かった、と言えるでしょう。

フミオ君　突然、くずし字を読み書きする習慣が消えてしまったわけですね。まさに失

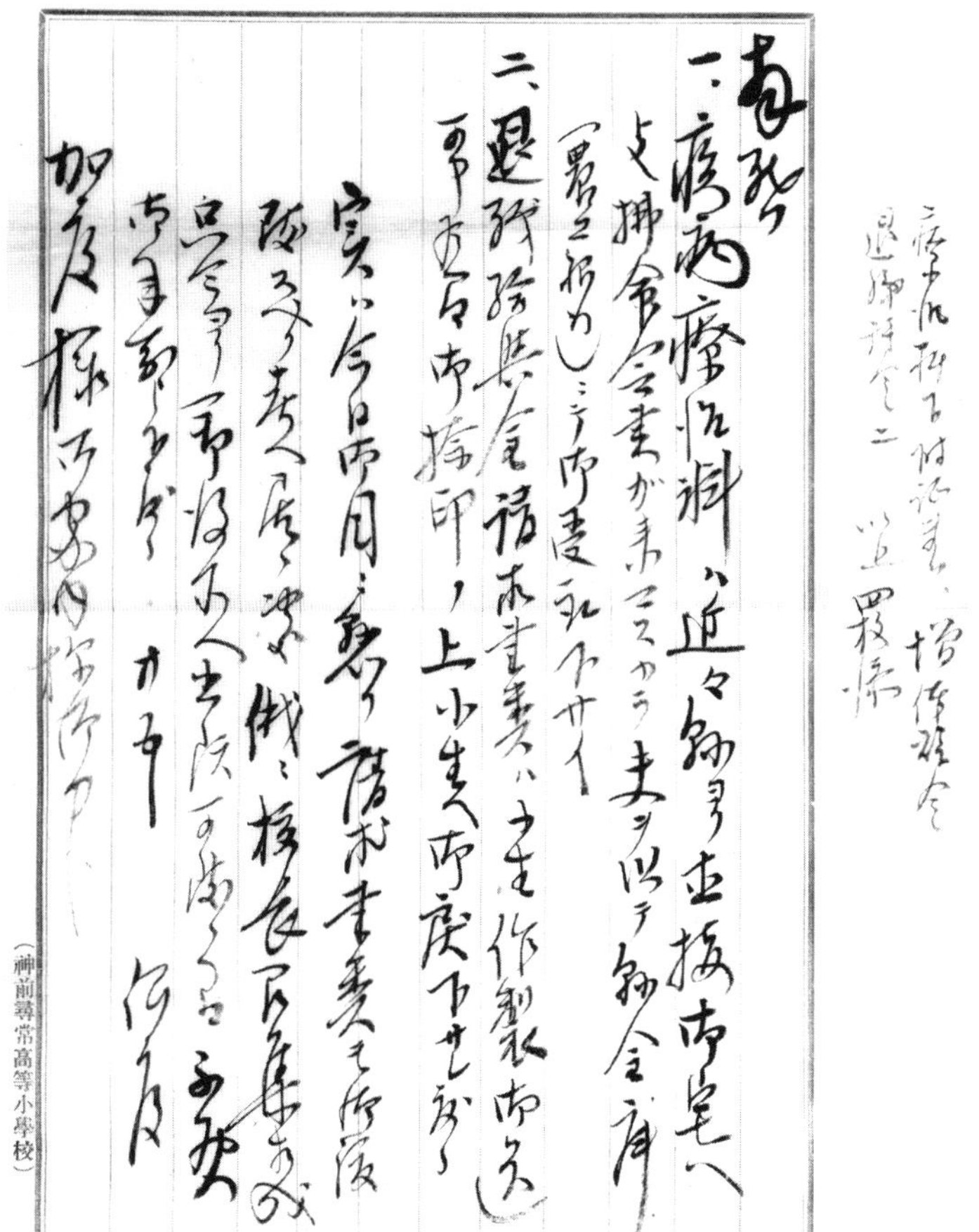

著者所蔵

われた文明です。日本文化に関しては、「昔から変わらない」ものばかりが注目されていますが、実はいろいろと変化しているんですね。

モンジョ先生　江戸時代の文字のほとんどがくずし字で書かれていることは、すでにご存じのことと思います。その一方で、フミオ君も「江戸時代の人の識字率は高かった」という話を聞いたことがあるでしょう（この点は、江戸時代のことを解説している書籍でよく言及されます）。江戸時代の識字のことについては、先ほど触れました。幕末に日本を訪れた外国人の見聞記でも、下層民が物語を読む姿が驚きをもって描写されています。

さて、その「江戸時代の文字が〝難しい〟くずし字で書かれている」ということと、「江戸時代の人の識字率は高かった」ということの二つは、頭の中で矛盾なく論理的に繋がっているでしょうか？

フミオ君　「〝難しい〟くずし字を使っているはずなのに、なぜ識字率が高いのか？」という矛盾があるわけですね。言われてみれば、その通りですね。これは日本の文字文化に関する重要な矛盾ですね。

モンジョ先生　もし、くずし字の読み書きが〝難しい〟ものであるのならば、どうして江戸時代の人の識字率が高いのでしょうか？　くずし字の読み書きが〝難しい〟のであれば、そもそも識字は普及しないはずです。つまり、くずし字は特別な才能を持つ人のみが使える文字ではなく、普遍性のある誰もが使える文字だ、と考えればよいわけです。

フミオ君　ひとまずは、そのように考えたほうが素直ですね。

モンジョ先生　くずし字の使用を「文明」と考えましょう、ということです。「文明」とは、現代の例で言えば「炊飯器」に相当します。炊飯器は、一定の手順を踏めば誰でも美味しくご飯を炊き上げることができます。くずし字を読むことも、しっかりと間違いない方法を踏んで勉強しさえすれば、誰もが習得できる技術です。だからこそ、江戸時代の人の識字率も高くなったのです。

実際、普通の大学生でも、くずし字を読むことは可能です。私の学んだ大学には、古文書研究会というサークルがあります。普通の大学生によって構成されているサークルです。彼らは特別に高い偏差値を持った学生ではありませんが、しっかり勉強して、1年、2年も経てば、スラスラとくずし字を読んでしまいます。それが何よりの証拠です。ですから、その時に必要となる学力は高等学校卒業程度でしょう。このように言えば、少しは気持ちが軽くなったのではないでしょうか？

フミオ君　そうすると、同じ大学生である僕にも習得可能、というわけですか……。

モンジョ先生　フミオ君は大学に入学できたわけですよね？　それだったら大丈夫ですよ。

フミオ君　モンジョ先生の話を聞くまでは、漠然と「くずし字って読めるものなのかなあ」って思っていたんです。食べ物でたとえれば、「そもそも、このキノコは食べられるものなの？」という類いの疑問ですね。努力しても習得できないのであれば、史学科をやめなきゃいけない。昔の人が読んだのだから、現代人にも読めるだろう、という勇気を持つことが必要ですね。

モンジョ先生　その意気です。頑張ってください。

さて、「くずし字は文明である」という話を、さらに続けます。江戸時代の手習塾の子供たちも、学び始めの時からくずし字で、それ以降は楷書体をあまり習わなかったようです。小説家の岡本綺堂《おかもときどう》が書いた『風俗江戸東京物語』（河出文庫）の中には、その関係についての記述があります。

楷書を教えなかった手習師匠　上方では手習を教えるところを寺子屋と唱えていましたが、江戸では寺子屋とは言いません。単に手習師匠といっていました。この時代には、手習師匠のところで教える文字は、仮名・草書・行書の三種類だけで、決して楷書は教えなかったのです。その当時は楷書というものを現今の隷書のように見なしていたので、普通一般には使用されなかったのです。むしろ楷書を実用的の字として認めないくらいであったのです。現今の人達が隷書を知らぬといっても少しも恥にならないのと同じように、昔の人達は楷書が書けないといっても、決して恥にはならなかったのです。公文書、その他の布達なども、必ず草書、即ち御家流が用いられ、出版物には多く行書が使用されていました。従って楷書というものは一種の趣味として習うくらいのもので、別に書家について習わなければなりませんでした。

（岡本綺堂『風俗江戸東京物語』〔河出文庫〕）

「御家流《おいえりゅう》」については、さっきも説明したように、江戸時代で最もよく使われていたくずし字でした。それも、この岡本綺堂の文章の中に言及があります。注目すべきことは、楷書はあまり学習しなかった、ということです（もっとも、全く学習しなかったことはないでしょう）。手習塾は、7歳頃から勉強し始めますから、子供が御家流の学習をして、それ以上の学習をやめます。くずし字は子供も学習し得るものですから、現代の大人が勉強し得ないわけがない、とも言えるわけです。

フミオ君　そうか！　かつては、くずし字は子供が勉強していた字なんですね。僕はもう大人なのだから、くずし字に怖気ついているということは、江戸時代の子供とはいえ、子供にすら負けている、ということになってしまうわけですね。

モンジョ先生　くずし字は、考えようによっては、楷書体よりも書きやすく読みやすい形をしています。「楽」という漢字は、旧字体で書けば「樂」です。しかし、くずし字で書けば「」です。「樂」と「」、どちらが覚えやすいかと言えば「」のほうでしょう。楷書から見れば、くずし字は「簡略化された字体」とも言えます。そう考えれば、くずし字が難しい、とは一概に言えないでしょう。くずし字は、むしろ手習塾などの短期教育課程向きの字であるとも言えます。その意味において、くずし字＝高等な字・難しい字とは言えません。

フミオ君　でも、いろいろな流派のくずし字があるのではないでしょうか？　その流派の全てを覚えなければならないのでしょうか？

モンジョ先生　先ほど話したように、手習塾では御家流をもっぱらに教えました。だから、江戸時代の古文書と言えば御家流なのです。そのほかの流儀は、審美的な書の世界で行われていました。それは、江戸時代に書かれた文字全体からすると、極めて少数です。

フミオ君　それでは、御家流を覚えるだけでほぼよいわけですね。江戸時代の古文書を読むためのくずし字字典も、ほぼ御家流のみを扱っているわけですね。

モンジョ先生　そうです。それに関しては「売り家と唐様《からよう》で書く三代目」という川柳《せんりゅう》がありましてね。

フミオ君　何ですか、それは?

モンジョ先生　「お金持ちの三代目が自分の家を売りに出した。その時の貼り紙が唐様で『売り家』と記してあった」という意味です。

フミオ君　その「唐様」というのは? 御家流ではないものですか?

モンジョ先生　「唐様」とは、何か一つの書体を表現したものではありません。中国の書家の書体全てを表現したものです。この書体は、特別に師匠について学ばなければならないものです。御家流とは異なり、実用に適さない趣味的な書体であって、もしこの書体を「お上《かみ》」への願書に使えば、御家流で書くよう注意され、返却されるそうです。江戸時代、非実用的な書体を勉強するということは、贅沢《ぜいたく》なことで、褒められるとも限りません。現代ならば、実用的であれ何であれ、学びごとは何でも褒められますけどね。

フミオ君　川柳は「お金持ちの三代目は、唐様みたいな非実用的な書体を学んで贅沢をしたから、家を売る羽目になったのだ」という意味で、三代目を皮肉ったものですね？

モンジョ先生　というわけで、「書家が使うような唐様は、一般的な書体ではありませんでしたよ」ということが言いたいわけです。安心して御家流を勉強してください。

❖くずし字はどのような文字か――楷書体との違い

フミオ君　「くずし字は文明である」という話はわかりました。それは理屈でわかるのですが、そう言われても、僕にとっては、くずし字を見るとどうしても難しく思えてしまいます。それはどうしてなのでしょうか？

モンジョ先生　今は、くずし字は使わない文字ですから、その気持ちはよくわかります。ただし、実のところは「くずし字を読むことはやさしいが、現代人はそれを〝難しい〟と思わされている」ということではないでしょうか。その「現代人にとって〝難しい〟と思わされている」理由を考えれば、くずし字を読むコツのようなものが掴めるかもしれませんよ。

フミオ君　「くずし字を難しいと思うのは間違いだ。そもそも道理に合わないことは、世の中には定着しないはずだ」ということが、先生のお考えですね。そして、定着したという事実から出発して、なぜ定着したのだろうか、その道理を考えるべきだ。その道理を古文書の読み方に応用してみよう、というわけですね。

モンジョ先生　なるほど。フミオ君流に上手にまとめて頂きました。

まず、同じ日本語であっても、読み書き文化は一つだけのものではない、ということを意識しなければなりません。現代の我々は、楷書体の字形を子供の頃から習い、書道を習っている人以外は、楷書体の字形のみに親しんでいます。だから、現代の人は、楷書の読み書きの「こころ」(思考法)から、なかなか離れることはないでしょう。くずし字を読む場合は、その「こころ」を一度壊す必要があります。くずし字を読むコツは、昔の人の「こころ」の中にあるわけです。

フミオ君　すごい話になってきましたね。今までの先生のお話の中に、昔の人と現代の人では観念が違うよ、という議論がたびたび出てきました。くずし字もそれと一緒で、くずし字を読む「こころ」がある、と。その「こころ」は昔の人の観念なのだ、と。

モンジョ先生　そうです。今までの私の話は、一概に、道草を食っていたわけではないのですよ。

フミオ君　すると、昔の人の「こころ」になれば、くずし字が読めるということでしょうか？

モンジョ先生　そういうことです。

フミオ君　くずし字を読むということは、随分ロジカルだなあ。

モンジョ先生　そうなのです。それでは、ここからは、楷書体の読み書きと、くずし字の読み書きとの違いを説明したい、と思います。

まず、現在の楷書体は、ほとんど同じ大きさで書きますが、くずし字は大きさがまちまちであることも珍しくありません。現代の学校における楷書体の手習いでは、同じ大きさのマスが並んだ方眼用紙を使うため、同じ大きさで文字を書きます。世間一般の文字の書き方もそれに従っています。その癖《くせ》がくずし字を読む時に出てしまうと、1文字で読むべきところを2文字で読んでしまったり、2文字で読むべきところを1文字で読んでしまったりすることがあります。くずし字は、文字が大きくなったり小さくなったりするからです。

私が大学1年生の時にやってしまった失敗の例を挙げますと、古文書調査の合宿で、「驚」という字を、「敬」と「馬」の2文字で読んで筆写してしまったことがあります。合宿から帰って、その筆写原稿を読んでいて首を傾げたのですが、すぐにその意味するところがわかりました。楷書体の読み方の癖（文字を同じ大きさで書くと観念する癖）が抜けきれていないわけです。これと同じ失敗は、何度かあったかもしれません。

フミオ君　なるほど、なるほど。これは単純な話ですよね。

モンジョ先生　ええ。それでは単純ではない話に移りましょう。これは、くずし字に関する本質的な議論です。

楷書は、ほとんど1文字で文字を読むことができます。漢数字の「一」であっても、ただの棒だと思わずに、文字だと思えば、漢数字の「イチ」と認識することができます。いや、そんなもの、当たり前だろう、と思う方もいるでしょう。しかし、これは当たり前ではありません。

例えば、「候」という文字のくずし字を（図）に挙げておきました。これを見ると、「候」のくずし字の〝成れの果て〟は「、」です。「、」が「候」という字だと言われても、普通は納得できないかもしれません（使用頻度が高ければ高いほど、簡単なくずし字になる傾向

●「候」のくずし字の例

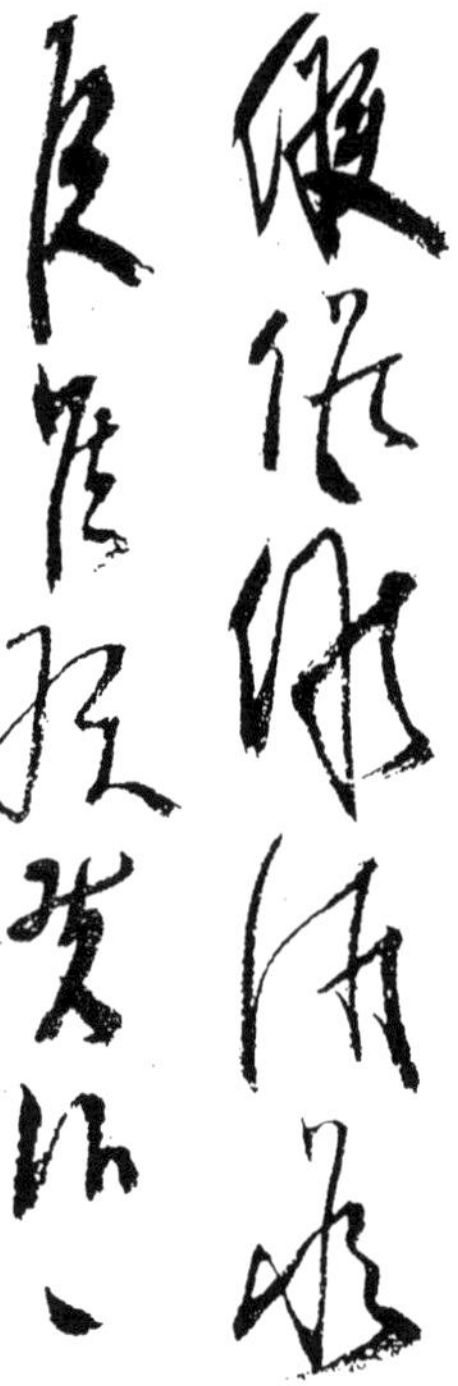

林英夫監修『入門 古文書小字典』（柏書房）より

があります）。点は点でしかないのでは？　と。その意見は正しいと思います。いくら、くずし字字典にそう書いてあったとしても、点は点でしかないのです。それでは、字典が間違っているのでしょうか？　間違っているとも、間違っていない、とも言えます。

フミオ君　ええっと。真っ白な紙に、ただ「、」とだけ書いた、とします。

モンジョ先生　はい。

フミオ君　これは「候」と読めるでしょうか？

モンジョ先生　読めません。ただの点でしかありません。

フミオ君　先生でもそうですよね。

モンジョ先生　私でも小学生の子供でも、同じように答えるでしょうね。

フミオ君　でも、字典には「、」で「候」だと解説してありますよね？

モンジョ先生　確かに、「候」という字は「、」と書くわけです。しかし、ただ「、」とだけ書いても、これだけでは「候」という字だと認識できるだけの絶対必要条件を満たしていないのです。

フミオ君　なぜですか？

モンジョ先生　次の図を見てください。左側に鳩《はと》の絵、右側に「御座候《ござそうろう》」のくずし字の絵があります。それぞれ、少しずつ形が見えて、最後には完全な姿を見ることができます（A・B・Cとイ・ロ・ハ）。

　鳩の絵のほうで見ると、Aではひよこの頭なのか、鳩の頭なのか判然としませ

●鳩はどこから鳩か？　候はどこから候か？

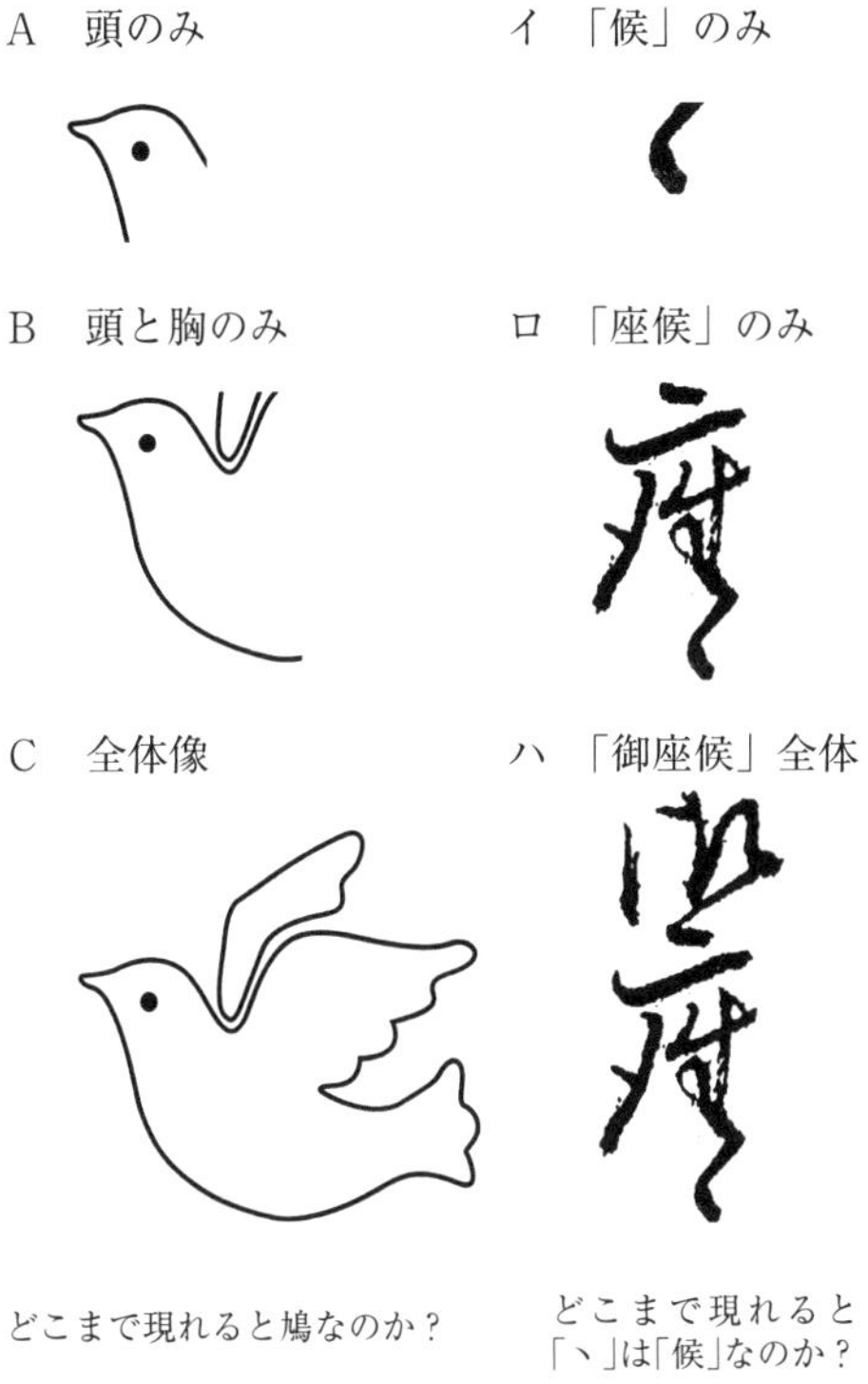

どこまで現れると鳩なのか？

どこまで現れると「、」は「候」なのか？

拙著『やさしい古文書の読み方』（日本実業出版社）を一部改変

ん。Bでも鳩であるという確信には至りません。しかし、Cの全体像であるならば、鳩だと誰でもわかります。

フミオ君　鳩が少しずつ見えてくるわけだ。鳩の姿が全部見えないと、鳩だとはわかりませんね。確かに。

モンジョ先生　その事情は、「御座候」というくずし字を読む場合でも同じことです。イは「候」のみ、つまり「、」のみで、点だけとしか認識できません。ロは「座候」だけが姿を見せています。イでもロでも、文字として認識することは難しそうです。しかし、ハであれば（つまり「御座候」全体像であれば）、ここで初めて「御座候」と読むことができます。

なぜ「御座候」は「御座候」と読むことができるのか。それは、意味の連なり、つまり文章の流れがあるからです。「御座」という字の下に「、」があるからこそ、「、」は「候」という字たり得るわけです。つまり、くずし字は1文字だけでは判読できない特性があるため、全体の文章の流れの中に1文字ずつを位置づけて読まざるを得ない宿命を負っています。読む人は、「御座」というくずし字を読んだ瞬間に、その下に「候」という字のあることを、すでに半ば期待しています。そして、「、」を見つけた時、それを「候」と読みます。

フミオ君　文字を一つ一つ切って1文字ずつを読んでいき、そこから文章の流れを構築するのが楷書体の読み方であるけれども、くずし字の場合はその逆になる。あらかじめ文章の流れがある。その文章の流れの中から、1文字ずつを読んでいくのがくずし字の読み方である、ということですか。

モンジョ先生　「木」（文字）の1本（1文字）を見て、「森」（文脈）を認識するのが楷書体の文章です。それに対して、「森」（文脈）を見て「木」（文字）の1本（1文字）を認識するのがくずし字の文章です。

試みに、くずし字の文章を、1文字ごとにバラバラにしてみましょう（図）。このようにすると、何が書いてあるのか途端にわからなくなります。これは1字のみで判読できる楷書にはない特性です。ここには、バラバラであるがゆえに、意味がなくなってしまい、文脈がありません。そのため、文字を認識することができないのです。

フミオ君　なるほど。それが昔の人の観念、つまり、くずし字を読む「こころ」ってものなんですね。昔の人に成りきってくずし字に接するべきだ、という意味ですね。ロジカルですね。

●くずし字をランダムに並べかえてみると……

モンジョ先生　そうです。ロジカル、と言うと難しく聞こえてしまうかもしれませんが、ロジカルということは、ロジックに沿っていけば理解できるよ、ということでもありますからね。

フミオ君　ただ、ちょっと疑問があります。くずし字の解読には、意味の連なり、つまり文章の流れが必要不可欠であることはわかりました。しかし、意味の連なりが取りづらい文章もあるのではないでしょうか？

モンジョ先生　その通りです。それは大問題なので、説明するのはさらに時間が必要です。追って詳しく話したい、と思います。

③ くずし字を読む「こころ」その2

❖ 固有名詞とくずし字

モンジョ先生　くずし字は1文字だけでは判読できない可能性がある、という話をしました。すると、意味の連なり、つまり文章の流れが取りづらい場合はどうなるのか？　そのことについてお話ししましょう。

文章の流れが取りづらい場合、それは特に固有名詞の場合です。結構、翻刻文でも間違いがありましてね。

フミオ君　どのような間違いがあるのですか？

モンジョ先生　書名は挙げませんが、「北野社」を「小野社」に間違えるなど、いろいろあるのです。だから、原史料を確認することが鉄則ですね。

フミオ君　どうしてでしょう？「北」と「小」は間違えやすいのですか？

モンジョ先生　これが「北」のくずし字です（図）。

フミオ君　なるほど。点が一つ多いだけですか。人間のやることだから、仕方ありません。固有名詞だから、どのような字がきてもいいわけですね。それで困ってしまう。

モンジョ先生　くずし字は形を簡素化していますから、違う字なのに形が似通っている、という例は珍しくありません。紛らわしいということもありますけれど、それを逆手にとって、似通っているもの同士で、いっぺんに記憶してしまうのも一つの手です。これは記憶のテクニックですが……。

フミオ君　間違いは、研究の差し支えになるほど多いのですか？

【北】

林英夫監修『増訂　近世古文書解読字典』（柏書房）より

モンジョ先生　本にもよりますが、要注意です。「関東」が「開在」となっていることもあります（森茂暁「原本の威力と醍醐味」『日本歴史「古文書総覧』［新人物往来社］）。

フミオ君　なるほど。「関」の字が旧字体の

「関」、「東」と「在」のくずし字。林英夫監修『入門 古文書小字典』（柏書房）より

【関（關）】
【東】
【在】

「關」になってくずされると、「開」の字に似ていますね。「東」と「在」も似ていますね（図）。

モンジョ先生　それから、「愛宕《あたご》」が「登岩」になっていることもあります。「宕」は「岩」に似ていることはわかりますが、果たして「愛」が「登」になるでしょうか。図をご覧ください。

フミオ君　なるほど。確かに似ていますね。

モンジョ先生　ですから、歴史研究者は固有名詞を疑う癖がありましてね。

フミオ君　気持ちはわかります。

モンジョ先生　例えば、後醍醐《ごだいご》天皇の「建武《けんむ》の新政《しんせい》」において新しく設置された役所に

「窪所《くぼどころ》」というものがあります。何の役所なのか判明していません。このような奇妙な固有名詞に出くわすと、気になりますね。「くぼまって他より低いところにあったので、名づけたのではあるまいか」（和田英松『官職要解』〔講談社学術文庫〕）、としている解説書もあります。

これに対して、中世法制史の笠松宏至《かさまつひろし》氏は、次のように推測しています。

> 私の推測はこうである（これはこれまでどの歴史書にも載っていない、ましてや学界の承認などを受けていない全くの仮説である）。「窪」という文字を「穴」と「注」の二つに分解してみると、それは「問」と「注」という二文字の草書体に似ている。いいかえれば、「問注」を少しくずして縦に連結させると「窪」に近似してくる。こう言えばもうわかっていただけるだろう。窪所は鎌倉幕府以

「登」と「愛」のくずし字。林英夫監修『入門 古文書小字典』（柏書房）より

来の伝統的訴訟機関「問注所」に、その名のルーツをもっていたのである。（略）意識的に問＋注＝窪という後醍醐天皇の奇想天外な発想のネーミングであったと私は想像している。

（笠松宏至「二条河原落書の世界――後醍醐の政治」佐藤進一・網野善彦・笠松宏至『日本中世史を見直す』［平凡社ライブラリー］）

フミオ君　これはうまくできた話ですね。本当だったら面白いけど……。

モンジョ先生　「問」の字の門構えは、天地が潰れて書かれることもあり（図）、かつ、くずし字は文字の大きさがまちまちであることを先ほど指摘しましたが、「問」と「注」が小さく潰れ合うと、「窪」のような字になる気もしないではありません。

フミオ君　これは仮説ですね？

モンジョ先生　ええ。でも、歴史研究者、古文書読みの気持ちを理解して頂こうという意味で紹介しました。

フミオ君　つまり、固有名詞の場合はくずし字の判読に苦戦する、ということですね。

先生は講座に出席している生徒さんから「これを読んで欲しい」と頼まれることもあるで

しょう？　その時、古文書の写真を手渡されて、それが固有名詞の部分であったとしたら……。

モンジョ先生　判読に苦戦するかもしれませんね。

フミオ君　やはりそうなんですね。

モンジョ先生　博物館展示の翻刻文で、判読不能として□印になっているところは、だいたい人名などの固有名詞ですね。

フミオ君　すると、江戸時代の人も固有名詞を読み間違えたのでしょうか？

モンジョ先生　明治時代のジャーナリスト、福本日南《ふくもとにちなん》の『元禄快挙録《げんろくかいきょろく》』（岩波文庫改版）は、赤穂浪士の一人、赤埴源蔵重賢《あかばねげんぞうしげかた》の名前について解説しています。この赤埴は、「忠臣蔵《ちゅうしんぐら》」

620
問　モン　ブン　とう　とい

〔用例〕

「問」のくずし字。「問注所」の用例もある。児玉幸多編『くずし字用例辞典』（東京堂出版）

の講談の中では「別れの徳利《とっくり》」で有名な人物です。

フミオ君　「別れの徳利」……知らないなあ。

モンジョ先生　講談というと、今では一部のマニアしか聴きませんからね。時々、この話が忠臣蔵の歴史ドラマに入っています。

> さてこの赤埴がいかにして後世赤垣と誤り伝えられたかと顧みれば、御家流《おいえりゅう》の埴の字は埴《はに》である。快挙の発した当時には新聞などは夢にもないから、義徒の姓名をそれからそれへと書き写して伝へる。そのうちにも赤埴源蔵という姓名がある。ところが当時の市井では埴《はに》の字などは、余りお目に掛からぬ文字であるから、直ちに垣すなわち垣の字と速了し、赤垣源蔵と書き伝える。（略）何時か赤垣源蔵でなければ、重賢《しげかた》らしくないようにまで耳慣れたのである。
>
> （福本日南『元禄快挙録』［岩波文庫改版］）

この福本の文章は、固有名詞の読み間違いが江戸時代にもあり得た、ということを示唆しています。つまり、赤埴源蔵を知る人の間で、手紙のやりとりをした場合、「赤垣」という誤読はあり得ません。しかし、第三者の目に触れた場合、「赤垣」という名前になり得てしまうのです。

そうそう。文中に「御家流の埴の字は埴である」とあります。「御家流」については、先ほど説明したばかりですね。

フミオ君　彼と生死を共にした大石内蔵助《おおいしくらのすけ》らが彼の名前を読み違えるわけはありませんが、第三者が見た場合は、読み間違える可能性がありますね。赤穂浪士たちの特殊なところは、普通の武士の名前が日本全国の人びとの目に触れたところですね。そうすると、珍しい名前のくずし字は、読みづらくなる。意味の連なり、つまり文章の流れが取りづらいからです。江戸時代の人が間違えるのなら、現代の人が間違えても仕方がないですよ。これは、くずし字機能論としては重要な問題ではないですか？

モンジョ先生　先ほど話したように、くずし字は形が簡単であるために便利です。しかし、文脈が発生しにくい固有名詞の場合では、判読にとても不便を感じます。だから、社会関係が広域化・複雑化した近代社会や現代社会においては、あえて形の複雑な楷書体を習い、使用しているのでしょう（役所によっては、届出書類にくずし字を書くことを禁じているところもあります）。近代社会や現代社会における学校では、手習塾と異なり、教育課程が長期間です。そのため、楷書体などの複雑な字形をたくさん学ぶことが可能なのです。

❖ くずし字の価値観

モンジョ先生　このように、くずし字では意味の連なり、つまり文章の流れで文字を読まなければならないところが多々ありますから、文脈が発生しにくい固有名詞では判読に苦しむことがあります。

フミオ君　文脈で文字を読むなんて、面倒なことをやっているな、と思ってしまいます。

モンジョ先生　確かに面倒と言えば面倒です。しかし、これは私たちの普段日常の生活でも行っていることで、むしろありふれたことに属することなのです。例えば、オーラル（口頭）の世界がそれに当てはまります。

もし、フミオ君が食事をしている時に、家族から「ハシヲトッテ」と声をかけられれば、あなたはとっさに箸《はし》を取るでしょう。この時に「橋」のことをイメージする人はいません。それは、食事の場というコンテクスト（文脈・状況）があるため、「ハシ」を「橋」のこととは誤解しないのです。くずし字を読む時も、これと同じことを行っていると考えればよいのです。難しく考える必要はありません。

フミオ君　つまり、口頭の世界でやっていることを、文字でやっているに過ぎない、ということですね。

モンジョ先生　くずし字の学習で躓《つまず》きやすいところは、どうしても1文字1文字ずつで読む、楷書体読みの癖（現代人の癖）が抜けきれないところではないでしょうか。この文書全体は、そもそもどのような文書なのか、この日記のくだりは全体で何を言おうとしているのか、しっかりと、文脈や状況を頭の中で整理しながら読まなければならないはずです。それは、昔の人がくずし字を読む場合も、同じことを行っていたはずです。昔の人も現代の人も、同じ人間なのですから。

フミオ君　先生がご指摘しているように、くずし字を読む時に、楷書体の字を読むように読むから、学習の妨げになるわけですね。眼球が1文字を追っている。それはダメだ、と。文章全体に目を向けなさい、と。

モンジョ先生　そういうことです。

フミオ君　すると、楷書体とくずし字、それぞれ独自の観念がある、ということになりますね。

モンジョ先生　以上の話をまとめておきます。

楷書体の便利なところは、1文字でも解読しやすいので、固有名詞でも読み誤りが少ないところです。一方で不便なところは、形が複雑であるため（画数が多い文字があるため）、覚えるのが面倒、書く場合も面倒なところです。

くずし字の便利なところは、早く書けて覚えやすいところです。学習時間の少ない手習塾向けということになるでしょうか。一方で不便なところは、その形の簡単さから、1文字だけでは判読しにくい、文章の流れがないと判読しにくい、特に固有名詞の判読に手間取るところです。

フミオ君　なるほど。そのように見れば、使う字形として「楷書がよい」、あるいは「くずし字がよい」などと、一概に決めつけることはできませんね。つまり、楷書には楷書の得失（プラスとマイナス）、くずし字にはくずし字の得失（プラスとマイナス）があって、それぞれ特有の価値観がある、ということですね。時代によって、どちらかを選ぶ。

モンジョ先生　現代人は、楷書体的な価値観に染まっているため、「読めなければ文字ではない」と思っています。それは「書き手が荷物を持つべき（労を負担するべき）」とい

う考え方です。つまり、楷書体は「読み手優位の字体」なのです。
しかし、それは思い込みであって、「読み手が荷物を持つべき（労を負担するべき）」という考え方があっても、一向に構わないはずです。つまり、くずし字のように、書きやすさを追求し、その反面、読み手が文脈を想像しながら文字を読む場合もあり得るのです。つまり、くずし字は「書き手優位の字体」なのです。

フミオ君　なるほど。現代とは価値観が逆さまなんだ！

モンジョ先生　例えば、夫婦揃ってデパートへ買い物に行ったとします。しかし、世の中の夫婦は様々です。夫が荷物を持つという夫婦と、妻が荷物を持つという夫婦がいます。それは、男女同権の世の中だから、どちらであってもよいのです。力持ちの女性もいるでしょうし、普段は力持ちの男性も、その日は病み上がりで、ちょっと力が出ないよ、ということもあるでしょう。文字のやりとりも、これと同じであって、書き手が荷物を負っても、読み手が荷物を負っても、どちらでも構わないのではないでしょうか（図）。
フミオ君　それは面白いたとえですね。

❖字典の選び方と役割

モンジョ先生　さあ、いよいよ実践的な話に移っていくとしましょう。くずし字を解読する場合は、意味の連なり、つまり文章の流れを理解することが重要だと、繰り返し話してきました。その考え方は、古文書字典を選ぶ際にも必要なことです。使う字典に文章の用例が多く掲載されているほうが、文脈を読み取る時には有利です。だから、なるべく用例の多い字典を買うようにしましょう。
フミオ君　なるほど。と、言われましても、僕にはよくわかりません。具体的にはどのような字典がよいのでしょうか？
モンジョ先生　私がお勧めする字典は、結局、自分が実際に購入した字典、ということになるでしょう。①林英夫監修『増訂　近世古文書解読字典』（柏書房）、②林英夫監修『新

●くずし字字典いろいろ

『新編　古文書解読字典』
（林英夫監修、柏書房）

古文書に慣れてきたならこれを使うとよい。用例が多いのと、似ているくずし字同士がよく分類されている点が評価できる。

『増訂　近世古文書解読字典』
（林英夫監修、柏書房）

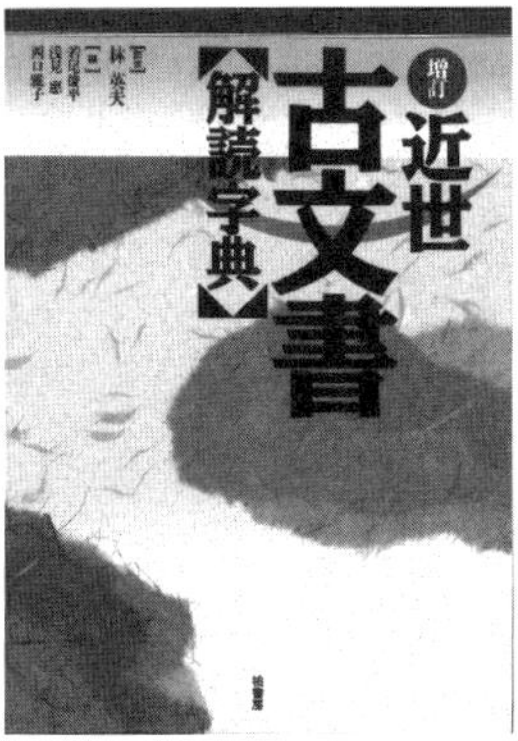

初心者に最も馴染めると思われる字典

『くずし字用例辞典』
（児玉幸多編、東京堂出版）

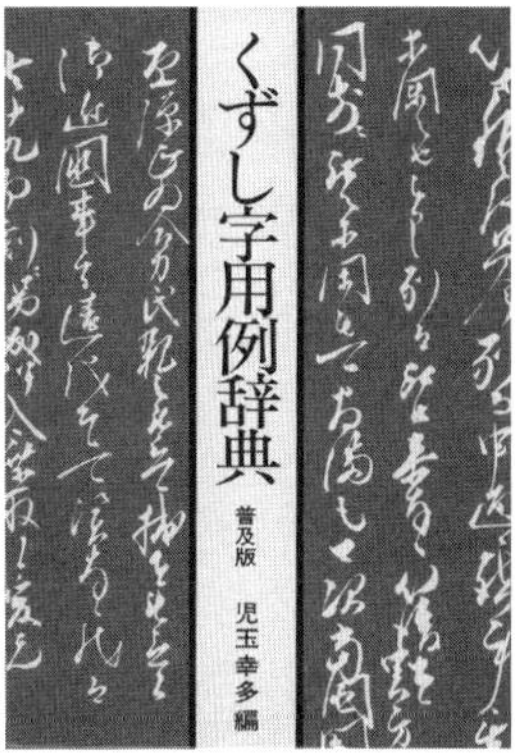

浩瀚すぎてハンディ版でも持ち運びに難がある。しかし分量が多いので頼もしい字典である。

編　古文書解読字典』（柏書房）、③児玉幸多編『くずし字用例辞典』（東京堂出版）です（私はこの3冊の字典しか持っていません）。特に、初心者は薄い字典から使い始めたほうがよいでしょう。そのため、まず①『増訂　近世古文書解読字典』から使い始めることをお勧めします。それから、②『新編　古文書解読字典』→③『くずし字用例辞典』へと順に買い進めていけばよいと思います。

フミオ君　初心者特有の心理としては、〝戦艦大和心理〟とでも言うのでしょうか、ぶ厚い字典をいきなり買ってしまいがちですね。ぶ厚い字典を買うと、勉強をロクに始めてもいないのに満足してしまうんです。

モンジョ先生　私には個人の趣味に容喙《ようかい》する権利はありませんが、私個人の考えを話しますと、それは明らかに失敗ですね。まずは薄い字典から使い始めたほうがいい、と思います。ぶ厚い字典は、古文書ではほとんど使わない文字まで載っているのです。それは親切と言えば親切なのですが、初心者向きとは言えません。ある程度まで上達して、薄い字典に物足りなさを感じた時になってから、ぶ厚い字典を購入してはいかがでしょうか？初心者では長い刀を使いこなせませんよね。このことは、何も古文書の学習に限った話ではありません。

フミオ君　字典に使い方について、アドバイスがあったら教えてください。

モンジョ先生　くずし字字典には取り扱い説明書のようなものはありません。字典をどのように使おうが、使う人の自由に任せられています。ここでは参考までに、私の考える字典の使い方を、二つお話しておきましょう。

①字典は、わかった文字を引いてください。わかった文字を引くと、その文字が含まれている熟語や短い文章が紹介されています。それを見ることによって、その文字の前後にある不明の文字がわかることがあります。

例えば、1文字目がわからず、2文字目が「殿」という字だ、とわかったとします。「□（?）殿」という文字の並びです。この時に、「殿」という字を字典で引いてみましょう。すると字典には「貴殿」という用例が載っており、そこで「ああ、わからない文字は『貴』という字かもしれない」と予測することができるのです。

②薄い字典の場合、常に座右に置いて、覚える字典として使うこともできます。字典は引くものでもあると同時に、読むもの／眺めるものでもあります。お風呂上がりや寝る前などに、字典を何となく眺めて、くずし字の形に目を慣らすことも重要です。

フミオ君　なるほど。でも、これは実際に字典を使ってみないと、先生の言葉は実感できませんね。肝に銘じておきます。

モンジョ先生　日本人の先祖の中で、読み書きをしていた人の多くは、みんなくずし字を読み書きしてきました。昔の人とはいえ、私たちと同じ人間です。ましてや、手習塾に通っていたのは子供たちでした。

現代の人と江戸時代の人とでは、文字の判読に関する考え方が根本的に異なる、ということを意識すれば、判読のヒントを得ることができるでしょう。あとは、実際にくずし字を目で追うことによって、ここまで話してきたことが追々自然に実感されてくることと思います。

フミオ君　長々と、ありがとうございました。

モンジョ先生　まあ、こんな感じですかね。これまで、歴史を研究する手段、古文書とは何か、古文書を読むとは何か、史実とは何か、現代社会と歴史学、楷書体とくずし字の違い、くずし字の読み方のコツ、などについてお話してきました。

フミオ君　最後に、くずし字で書かれた古文書を1点、試しに読んでみたいのですが、よろしいでしょうか？

モンジョ先生　そうですね。古文書入門の話だというのに、古文書が1点も出てこなかった、では話になりません。1点だけご紹介しておきましょう。

❖実際にくずし字を読む

モンジョ先生　これが、くずし字で書かれた古文書の写真です（次頁）。

フミオ君　これは、僕には全く読めないです。太刀打ちできそうにありません。

モンジョ先生　そんなことはありませんよ。フミオ君が古文書を初めて見たから読めないのです。大学の「日本史料講読」ではやらなかったのですか？

フミオ君　講義の方針で、まだ翻刻された文章しか学んでいません。

モンジョ先生　そうですか。さすがに初めてだとさっぱりでしょうから、答えを書き込んだものをお見せしましょう（写真）。

フミオ君　翻刻された文字が脇に書かれていれば、僕でも何とか読めます。

モンジョ先生　次のように読みます。

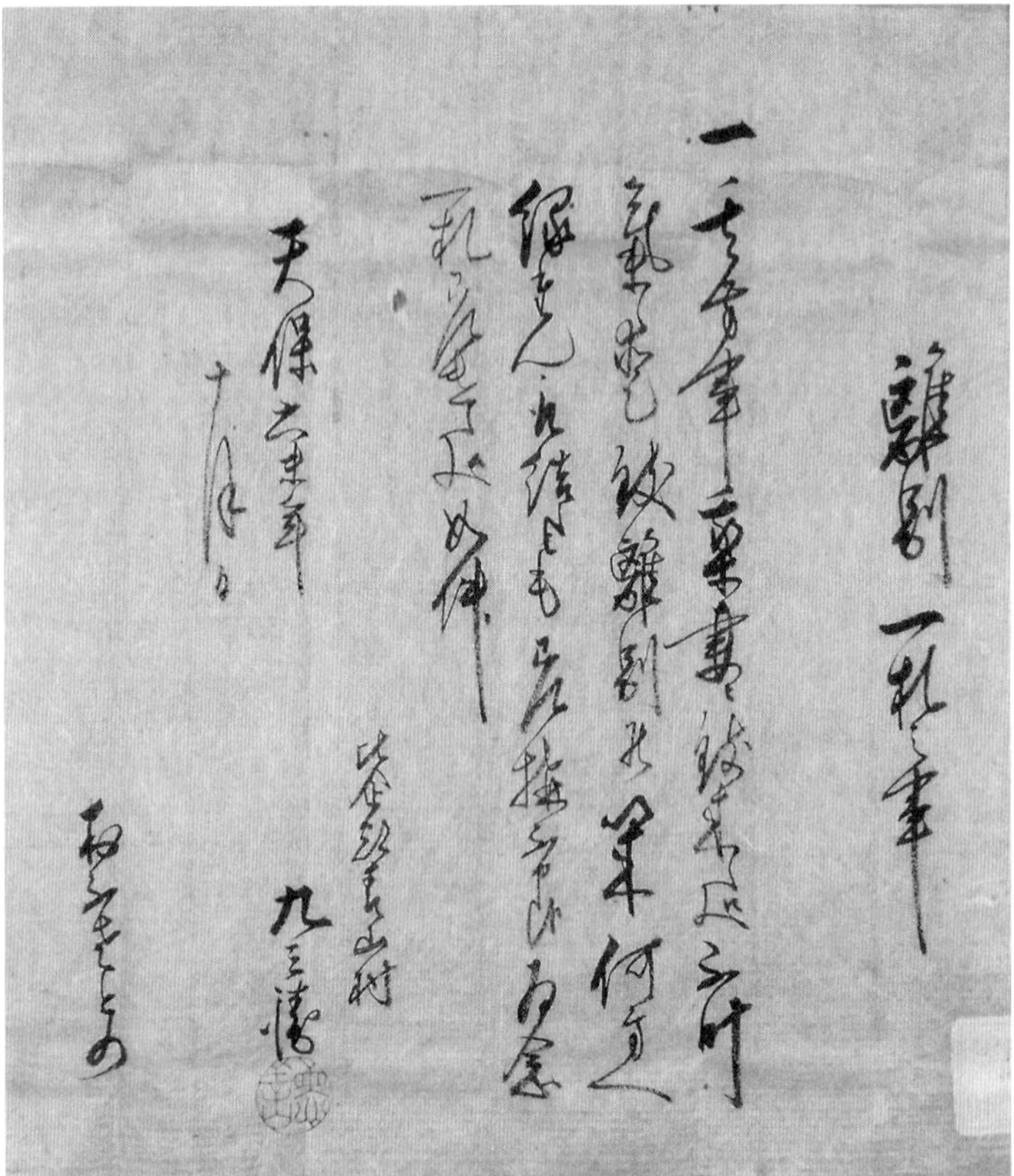
離別一札之事

「離別一札之事」（埼玉県立文書館寄託、林家文書3040）

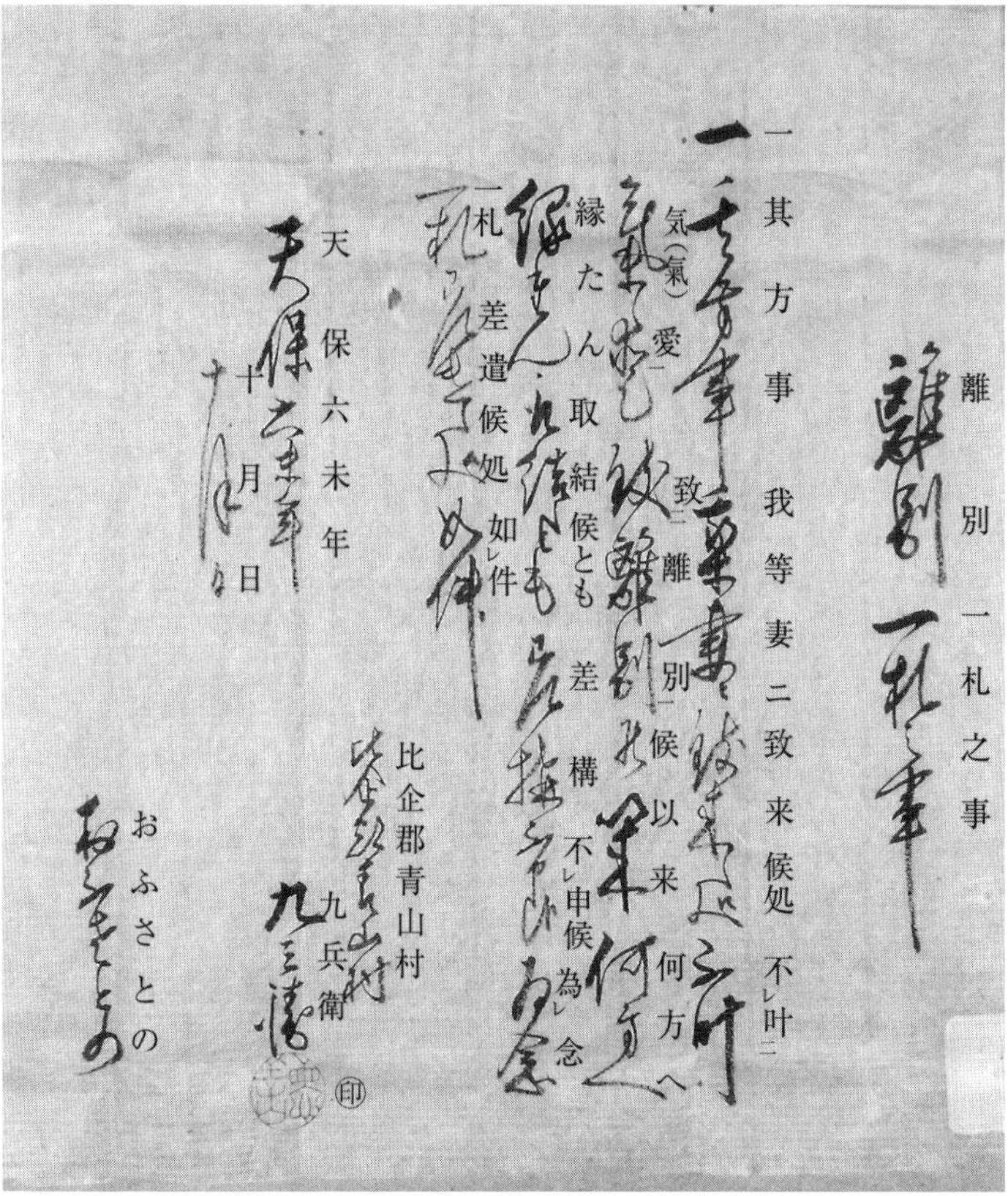

離別一札之事

一其方事我等妻ニ致来候処不レ叶二
気(氣)愛一致二離別一候以来何方へ
縁たん取結候とも差構不レ申候為レ念
一札差遣候処如レ件

天保六未年
十月日

比企郡青山村
九兵衛 印

おふさとの

【翻刻】

離別一札之事《りべついっさつのこと》

一《ひとつ》、其方事《そのほうこと》、我等《われら》妻《つま》ニ致来候処《いたしきたりそうろうところ》、不レ叶《きあい》ニ気愛《かなわず》一、致ニ離別一《りべついたし》候《そうろう》、以来何方へ《いらいいずかたえ》縁たん《えんだん》取結候《とりむすびそうろう》とも差構不レ申候《さしかまいもうさずそうろう》、為レ念《ねんのため》一札差遣候処《いっさつさしつかわしそうろうところ》、如レ件《くだんのごとし》

天保六未年《てんぽうろくひつじどし》
十月日《じゅうがっぴ》
比企郡青山村《ひきごおりあおやまむら》
九兵衛《くへえ》㊞

おふさとの《どの》

【意訳】

離別一札の事

一、あなたのことについて。私の妻にしてきましたところ、お互いに気持ちが合わなくて、離別します。以来、どこへ縁談を取り結ぶとしても、構いません。念のた

め１枚の文書を差し遣わしますところ、以上の通りです。

離縁状《りえんじょう》は、夫婦が離婚する時に作成する文書で、夫が妻に対して出すことが普通です（妻が夫に対して出す例も確認されていますが、それは普通ではありません）。ご覧の通り、三行半で記しているため、俗に「三行半《みくだりはん》」とも言います。ただし、「九兵衛」さんが「おふささん」に対して再婚を許可する文言がありますから、再婚許可証の意味もあり、一概に「夫が妻に対して一方的に突き付ける文書」というわけではありません。

フミオ君　なるほど。「等」と「ホ」は異体字同士ですね。「気」と「氣」も異体字同士ですが、特に新字体と旧字体の違いですね。

モンジョ先生　そうです。

フミオ君　「へ」を「え」と発音するのは、今と同じです。「縁たん」は「えんだん」、「おふさとの」は「おふさどの」。両者に濁点がないようですが？

モンジョ先生　ここは、濁点を心の中で補って読んでもよいのです。

フミオ君　九兵衛は「くへえ」と読むのですね。「きゅうべえ」ではいけませんか？

モンジョ先生　「きゅうべえ」と読む場合は「久兵衛」と書きます。ちなみに、武士身分の場合は、「兵衛」の部分を「ひょうえ」と読みます。この離縁状を書いたのは青山村の百姓ですから「ひょうえ」ではありません。それから、苗字が付いていないから、武士ではないことがわかります。

フミオ君　「一札」という言葉があります。これは?

モンジョ先生　1枚の証文という意味です。証文や手紙のことを「札」と言います。

フミオ君　「気愛」という言葉が出てきます。これは全く馴染みのない言葉ですが……。

モンジョ先生　私も、ほとんど見たことがありません。この言葉は日本の国語辞典の中で最も優秀とされている『日本国語大辞典』(小学館)にも出てこない言葉です。ちなみに、古文書に出てくる言葉をよく調べたい場合は、この『日本国語大辞典』をご利用ください。「気合《きあい》」という言葉の「宛《あ》て字」である可能性もあります。同辞典には「気が合うこと。気持、いきが合うこと」と書いています。

フミオ君　宛て字は頻繁に出てくるのですか?

モンジョ先生　ええ。古文書の世界では、もう日常茶飯事です。

フミオ君　もし宛て字であったなら、「合」を「愛」という字にするなんて、雰囲気は出ていますね。

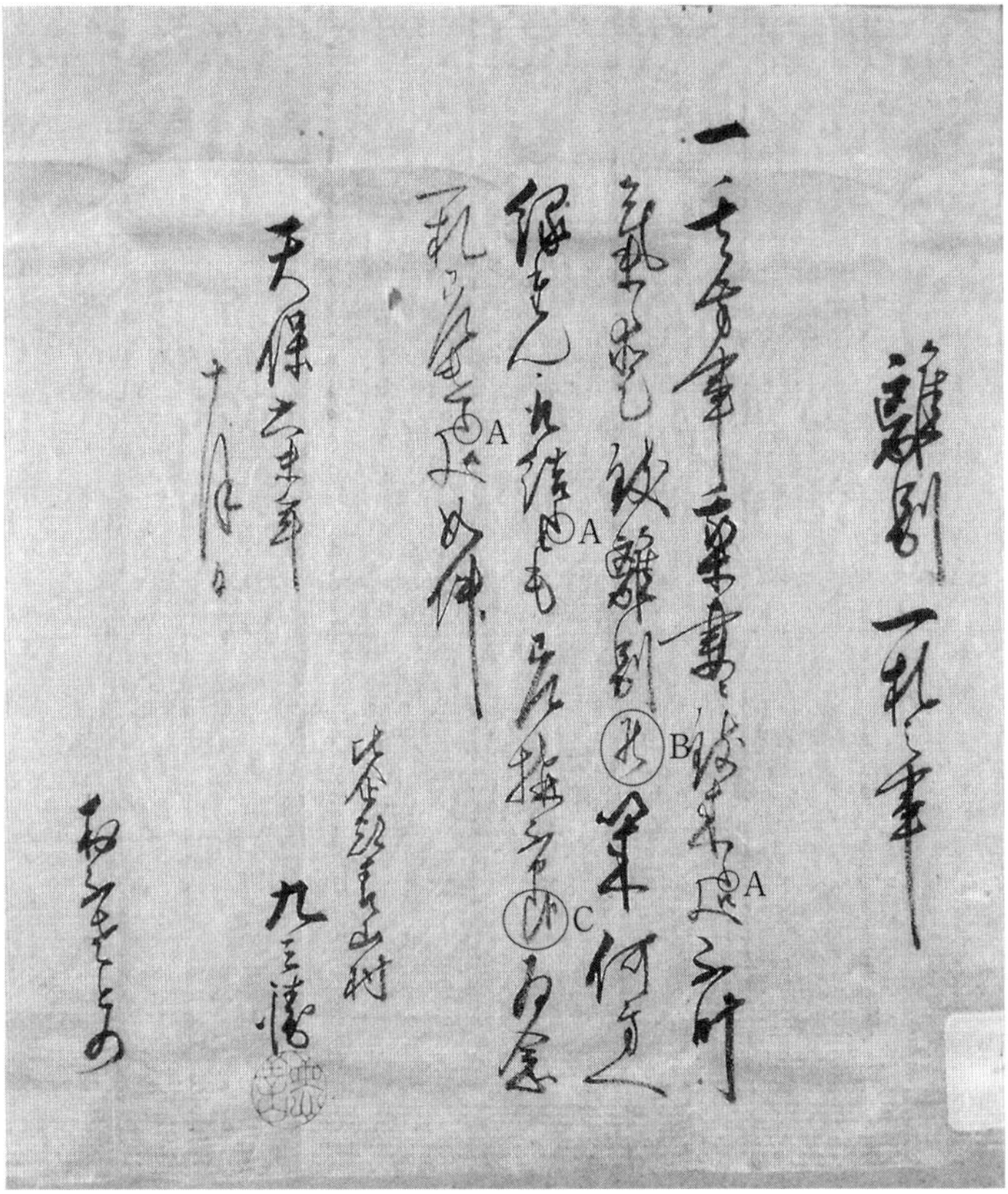

「候」のくずし字、三つのパターン

モンジョ先生　そうですね。

フミオ君　「如レ件《くだんのごとし》」とは？

モンジョ先生　証文などの最後に付ける決まり文句です。ここでの「件《くだん》」とは、前に書いてあることの全体を指しています。ですから、「件の如し」とは「前に書いた通りである」「以上である」という意味です。

フミオ君　こうしてみると、「候」という字が三つ、ＡＢＣのパターンがあるのですね？

（写真）

モンジョ先生　そうですね。わざと違った字体にしたというよりも、「九兵衛」さんが気まぐれで書いているのでしょう。

フミオ君　「縁たん」の「た」は「堂」という字のくずし字ですね。「堂《どう》」と読んでもいいのですか？

モンジョ先生　構いません。しかし、「縁堂《えんどう》ん」では意味が通じません。だから「堂《どう》」と真名読みをせずに、「た」と仮名読みします。

フミオ君　字のくずれ方によって、真名読みをする、あるいは仮名読みをするということはありませんか？

モンジョ先生　ありません。この離縁状の「」の字は、違うところに出てくれば、「堂《どう》」と読む可能性のある字です。

フミオ君　例えば、お寺の古文書で「」と出てくれば「堂社《どうしゃ》」と読まなければならない、ということですね？

モンジョ先生　そうですね。真名読みをするか、仮名読みをするかは、意味の連なり、つまり文章の流れに規定されているのです。くずし字というのは、いつも意味の連なり、つまり文章の流れが大事であることを忘れないでください。

終

僕らの古文書講座が終わる

ありがとう
ございます

モンジョ先生とフミオ君。モンジョ先生の書斎において、随分話し込んでいる様子である。しかも、二人が話し始めてからすでに5時間も経過しており、外はすっかり暗くなっている。二人共ほとんど飲まず食わずである。

モンジョ先生　まあ、これだけお話をしましたから、これで一応、打ち止めとしておきましょう。何か疑問があったら、またお越し下さい。

フミオ君　（フミオ君は窓の外を見て）外はすっかり真っ暗になりました。

モンジョ先生　本当ですね。随分話し込んだんだね。

フミオ君　ええっと、（フミオ君は書斎の時計を見ながら）もう5時間は喋っていると思いますよ。先生には長い時間お世話になりました。

モンジョ先生　（モンジョ先生は、フミオ君の顔を心配そうに見つめて）それで、夜も寝られないほどの君の悩みとやらは、私の講義で解消したのですか？

フミオ君　うーん。よくわかりませんが、すこしヒントをもらったような気がします。先生のお話の中で、興味深かったことの一つは、〝自分〟ということについて、です。〝自分〟という存在・人格と現代の世とは、結局、切っても切り離せないのではないか、ということです。

〝自分〟が、もし江戸時代に生まれ落ちていたならば、幼児の死亡率が高いわけですから、すぐに死んでしまったかもしれません。だから、存在すらしなかったかもしれない。そして、〝自分〟という人格も、現代の世に陶冶《とうや》されたものでしょう。過去には過去特有の価値観があって、その中で人間が陶冶される。それと同じように、現代には現代特有の価値観があり、その中で人間が陶冶される。人間はすべて同じものと思っていましたが、どうもそれは思い過ごしであったようです。

モンジョ先生　そう言えば先日も、女子学生が私のところへやって来ましてね。「江戸時代のお姫さまは、好きでもないオトコと結婚をして可哀想だ」と言うのです。しかし、その女子学生だって、もし大名家の子女として生まれ落ちていれば、どうなるかわかりませんよ。やはり彼女は、現代の人格そのままではあり得ない。「江戸時代のお姫さま」になり、違う人格になるのでしょう。御殿《ごてん》の価値観に染まり、御殿の価値観の中で喜怒哀楽を抱く女性になります。

フミオ君　だから、本当は〝自分〟というものは存在せず、それぞれの環境におけるたくさんの〝自分〟があり得るだけなのかもしれません。今日は少しだけでしたが、古文書を読むことで、くずし字の価値観が、現代の楷書体の文化のそれと比較して、根底の部分から異なるものなのだ、ということがわかりました。昔の「こころ」になることが大切ですね。やはり、やってみないとわからないことがたくさんあります。新しい視点を得ました。

モンジョ先生　それはよかった。まあ、何事も実際にやってみることが大切ですよ。古文書を読むということは、過去の人びとの意識を追体験することでもあります。読める／読めないは別として、読むことを試みること自体から得られる知見も大きいと思います。

フミオ君　わかりました。モンジョ先生のほうも、出版社から依頼された原稿は書けそうですか？　貴重なお時間を拝借してしまい、ちょっと気になっています。

モンジョ先生　いえいえ。心配はいりませんよ。「原稿の神様」って言うのがいましてね。その神様が「書け」って言わないと、書き出す気分にならないのです。でも、フミオ君が来てくれたおかげで、何だか書けそうな気がしてきました。神様が、いよいよ動き出したのかもしれませんよ。

フミオ君　それはよかった。僕のような者でも役に立った、というわけですね。

（モンジョ先生の携帯電話が鳴る。先生、電話に出る）

モンジョ先生　あ、もしもし。モンジョですけど。

K書房のO氏　もしもし、K書房のOです。お世話になっております。以前からお頼みしていた原稿、締め切りを過ぎていますが、進捗はどうでしょうか？

モンジョ先生　今日は神様……、いや、変わった学生さんが来ていましてね。彼と古文書について5時間も話しました。彼のおかげで原稿が書けそうです。もうすぐ原稿をお送りしますから、しばらくお待ちください。

K書房のO氏　また待つのか……。

（完）

おわりに

私が歴史に親しむきっかけは、いつだったのか。それは少年時代のことです。遠い昔のことで、記憶は茫としてはっきりと思い出すことができません。遅くとも小学校5年生の頃には、何がしか、歴史学関係の本を読んでいたのではないか、と思います。ちょうどその頃、書店で歴史学関係の本を立ち読みしていると、見知らぬ大人に「きみ、そんな本を読むの？ 今、何年生？」と声をかけられ、たいそう珍しがられたものです。『歴史読本 特集探訪知られざる城下町の秘密』（昭和62年4月号）の読者投稿欄を繙《ひもと》くと「高尾善希（13）」とあるくらいですから、相当な入れ込みようであったことがわかります。10代の頃は、将来は学芸員のような歴史関係の仕事を、と思っていました。

平成5年（1993）、私は立正大学文学部史学科に入学して、歴史学の道に入りました。歴史は別として、ほかの科目の出来があまりよくなかった私は、最初は大学の講義についてゆけるのか、自信がありませんでしたが、大学でやる学問の面白さに気づくまで、さほど時間はかかりませんでした。日本古文書学会が設置されたこの伝統ある大学で、古文書漬けの学生時代を送りました。ご指導頂いた諸先生方の講義のお話も、ユニークで面白くて、その中で、とりわけ興味深いお話については、この本の中に1ヶ所だけ拝借した部分があります（もちろん、私流のアレ

使い潰した私の字典

ンジを若干加えています）。20年も前だというのに、我ながらよく覚えているものです。優れた諸先生方、よき先輩・同輩・後輩に恵まれた、と思っています。

大学1年生の4月、初めてくずし字の字典を買った時の思い出は忘れられません。立正大学教養部があった熊谷キャンパスの書店に、柏書房の『増訂 近世古文書解読字典』を注文しに行ったのです。しかし、何かの手違いで、なかなか本が入荷されませんでした。いずれは手に入るだろうことはわかっていたのに、やきもきしてしまって、書店に何度も足を運んで「入っていますか？」と店員に聞いていました。予定より1週間遅れて字典を手に入れた私は「これで本格的な歴史学がやれるな」とたいへん感激しました。この『増訂 近世古文書解読字典』こそが、私の大学・大学院での歴史学の出発点で、手垢がついてボロボロになるまで使い古しました（写真）。最初は〝引く字典〟として、のちには〝覚える字典〟として使いました。もはや、「私の同志」と言ってもよいでしょう。

この大学では、古文書研究会というサークルに入会して、古文書の研究をやりました。４泊５日の、自炊の研究合宿を年に6回もやって（年に30日）、深夜になるまで仲間と古文書を筆写しました。当時はデジタル・カメラもありませんし、マイクロ・フィルムで撮影するための資金も機械もありませんでしたから、全部、原稿用紙に1文字1文字ずつ筆写していたのです。まだまだ若かったので、たいへんな熱量で勉強に取り組みました。その時の座右には、先の『増訂近世古文書解読字典』がありました。この字典を出版した柏書房に、やがて『番付で読む江戸時代』（共著。２００３年）と『驚きの江戸時代』（単著。２０１４年）と、本書『歴史好きのための古文書入門』を執筆させて頂くようになったのも、何かのご縁でしょう（先ほどの『歴史読本』にも、時々執筆させて頂くことがあります）。この本に出てくるフミオ君の一部には、この私の若い頃の性格が投影されているかもしれません。

フミオ君は架空の人物です。あまり親しくない先生の家に押しかけてしまうくらいですから、よほどのおっちょこちょいです。しかし、問題意識が先鋭で、学問に関しては頭が回りすぎるようです。ですから、「こんな若者がいるわけがないだろう」とお思いになる方がいるかもしれません。私は母校である立正大学や他大学で非常勤講師を10年以上勤めています。その経験上から、実際にこのフミオ君に似た若者がいる、ということを知っています。若いというだけで、それなりの価値があるような気がしています。特に、今の若者は素直で、伸びやかであるように思えます（それは、この本でも触れました）。正直に言えば、私の同世代の人びとよりも、親近感が沸くのです。だから、将来の日本にはあまり悲観していません。

今思えば、夢に溢れた少年時代、20代前半が、最も純粋に歴史学を楽しんでいた時期であったように思います。その頃を懐かしく思い出しながら、この本を書きました。

この本では、史料に拠ってものを考えることの大切さを説いたつもりです。そして、過去には過去特有の観念があるということを強調し、そのことをくずし字解読という技術論にリンクさせてみました。今までの古文書入門書にはない視点を提供できたのではないか、と自負しています。冒頭にも書いたように、この本は古文書入門一歩手前という位置づけです。この本をきっかけとして、様々な本にも手を伸ばして頂ければ幸いです。

最後に、この本の執筆をお勧め頂いた柏書房編集部の小代渉さんに、厚くお礼を申し上げます。

高尾善希

著者紹介

高尾 善希（たかお よしき）

1974年、千葉県千葉市生まれ。東京都町田市在住。

立正大学大学院文学研究科史学専攻博士後期課程研究指導修了満期退学。博士（文学）。元、東京都公文書館史料編さん係専門員。現在、立正大学文学部史学科非常勤講師。研究テーマは江戸・江戸近郊の地域史。江戸文化歴史検定協会など、首都圏各地で歴史講座・古文書講座の講師を務める。

著書に『驚きの江戸時代――目付は直角に曲がった』（柏書房）、『やさしい古文書の読み方』（日本実業出版社）、『番付で読む江戸時代』（共著、柏書房）、『徳川幕府と巨大都市江戸』（共著、東京堂出版）などがある。

実弟は囲碁棋士の高尾紳路。

歴《れき》史《し》好《ず》きのための古文書《こもんじょ》入門《にゅうもん》

2015年５月10日　第１刷発行

著　者	高尾善希
発行者	富澤凡子
発行所	柏書房株式会社
	東京都文京区本郷2-15-13（〒113-0033）
	電話（03）3830-1891［営業］
	（03）3830-1894［編集］
装　丁	鈴木正道（Suzuki Design）
カバーイラスト	さくらせかい
本文イラスト	田中ひろみ
組　版	有限会社一企画
印　刷	壮光舎印刷株式会社
製　本	株式会社ブックアート

ISBN978-4-7601-4580-5